复旦光华青少年文库 | 科学素养系列

上海科普图书创作出版专项资助

物理大师的追寻

追随物理学家足迹　探寻大师成功心路

王炎森　编著

复旦大学出版社

前　言

探索真理的兴趣，
献身科学的理想，
善于思考的智慧，
百折不挠的毅力。

最近复旦大学出版社邀请我写一本给中学生读的书，我欣然同意，因为我与中学生的教学很有缘。大学物理系毕业后，留校当教师，一辈子没离开过教学第一线，讲授基础物理。最近十多年来，我常被一些上海市重点中学邀请为中学生作有关物理学在现代高科技中的应用和一些著名物理学家的成长历程的科普报告，并被上海市杨浦高级中学聘请为"学生课题研究活动"的指导老师，长达6年。这些年中，我很高兴能用自己的物理专长为中学生的培养做点贡献。

这次要写书，写点什么呢？通过在长期教学过程中的不断学习、反思和实践，深感一个真正合格的教师应该努力贯彻"以人为本"的教育理念。这个理念应贯穿在从小学、中学到大学各个层次的教育中。中学阶段，除了知识学习外，更是青年人人生观和价值观形成、人格完善，以及兴趣培养和思维发展的重要阶段。可是当前在书店的书架上，供中学生阅读的，大量的是满足应试教育的学习辅导书和解题指南，而有益于年轻人励志和人格培养方面的书籍实在太少。这方面的书又是不可缺少的。为此，结合自己的兴趣爱好，以及多年的阅历和体会，我希望能写一本这方面内容的书，以满足中学生全面发展的需要。

我结合物理教学,平时很喜欢阅读有关物理学大师的传记类书籍,以了解这些大师们做出重大科学贡献背后的故事,以及了解他们的人生历程和心灵感悟。我也常会把书中一些精彩的内容融入课堂教学之中,与同学们共享,也收到了不错的教学效果。所以,我就把这本书的主要内容定在向中学生介绍他们都很熟悉、钦佩和敬重的5位世界级物理学大师的成长和成才的心路历程。他们分别是伽利略、牛顿、法拉第、居里夫人和爱因斯坦。为了表达中国人民对古今中外一些杰出科学家的缅怀和爱戴,中国科协在中国长城脚下的科学家工程技术专家雕塑园内首批树立了中、外各8位科学家的塑像,其中就包括这5位世界著名的物理学大师。

本书在内容上将不同于一般的传记,不对大师们的生平及科学贡献作全面介绍,而是突出介绍他们成长和成才的心路历程,以展现他们既是一个科学伟人,又是一个有血有肉的普通人,他们的成长和成才过程中,有许多值得我们学习的地方。全球著名投资商沃伦·巴菲德说过:"要成为最优秀的人,就要向最优秀的人学习。"

希望本书既有思想性和科学性,又有可读性和启迪性,是一本适合青年人阅读的励志类读物。在具体的内容、选材和叙述上有以下一些特点:

1. 在内容上,为了突出大师们成长和成才的心路历程,揭示他们在科学道路上成功的奥秘,重点介绍以下几个方面:在他们身上所体现出来的探索自然奥秘的浓厚兴趣和理想;强烈的求知欲望和善于思考的智慧;不畏权威和勇于创新的胆识;不怕挫折和矢志不渝追求真理的科学精神以及高尚的道德风范。这是大师们除了科学知识外,为全人类留下的珍贵的精神财富。可以说,后者的影响更大,对青年人来说,这些优秀品质是他们在"立人"之路上,甚至一生都需要不断学习和培养的。

2. 在取材上,为了使读者读来生动、有趣、不枯燥,全书主要选取大师们在成长道路上和科学探索过程中一个个真实、感人和催人思考的生动事例(或故事),将它们贯穿起来以展现大师们跌宕起伏的人生历程。

3. 在叙述上,力图尽量采用大师们本人的朴实语言来表达他们的心灵感悟、他们的人生观、价值观和社会责任感,以及他们在做出重大科学发现背后的科学思想和成功秘诀。读者读来会更有亲切感和真实感,好比在与"伟人"亲切交谈,聆听他们的心灵感言。

在每章每节适当之处引用了一段相关的"名人名言",并且用"心语"的形式写上我在编写过程中的点滴感想,其中包括应向大师们学习的内容和努力方向,希望与本书读者共勉。

为使本书叙述客观、可信,重要的资料和讲话都标明出处,尽量避免主观臆断和小说情节式的描述。

4. 在科学知识上,我们也将对这些大师们的杰出贡献作简要和定性的介绍。并将这些贡献在现代高科技中的应用,以及在改变人们的思想观念、推动社会发展中所起的巨大作用做出简要介绍,以更进一步激发青年读者喜欢物理、热爱科学的兴趣和热情。

但愿本书能成为青年读者在成长和成才道路上的良师益友。希望读者在了解大师们的科学贡献的同时,更要倾听他们的心声,仔细寻味他们的心灵感悟,从他们的生活、读书、研究和人格魅力中获得启示和力量。以他们为榜样,不仅要有攀登科学高峰的宏大理想,更要在通往理想的崎岖小路上,不畏艰难、矢志不渝,一步一个脚印地向目标前进,从中获得快乐和体现人生价值,焕发青春光彩。

王炎森

2015 年 5 月于复旦大学

目 录

第 1 章　近代物理学之父伽利略 ·················· 1

§1.1　伽利略的青少年时代 / 4
　　一、父亲对少年伽利略的影响
　　二、放弃医学,喜欢数理和动手实验
　　三、追求真理,敢于挑战亚里士多德

§1.2　在帕多瓦大学前期(1592—1604 年)的开创性工作 / 8
　　一、开创实验与数学相结合的科学研究方法,
　　　　自由落体定律
　　二、威力无比的理想实验,惯性定律
　　三、重要力学规律,相对性原理

§1.3　捍卫真理,宣传日心说,挑战权威和教会 / 13
　　一、第一个用望远镜打开通向天文学大门的人
　　二、用观测的事实支持日心说,挑战亚里士多德
　　三、坚持捍卫真理,发表惊世巨著《对话》

§1.4　信念坚定,战斗不息 / 22
　　一、受迫害、不放弃信念
　　二、伽利略的亲情和友情
　　三、真理是永远不可战胜的

参考资料 / 29

第 2 章　为寻求真理而忘我奋斗的牛顿 ·················· 31

§2.1　探索大自然奥秘的兴趣,走上科学之路 / 33
　　一、大自然是一本打开的书

　　　　　　二、兴趣广泛，爱读书、爱记笔记
　　　　　　三、辍学期间，不忘读书和思考
　　§2.2　大学四年和最富创造力的庄园避瘟时期 / 36
　　　　　　一、《三一学院笔记》
　　　　　　二、遇伯乐巴罗教授
　　　　　　三、创造力的涌现
　　§2.3　重返剑桥和两本巨著的出版 / 43
　　　　　　一、巴罗推荐，牛顿继任"卢卡斯数学讲座"教授
　　　　　　二、注重实际，反射式望远镜的发明
　　　　　　三、哈雷帮助出版巨著《原理》
　　　　　　四、毅力坚强，又一巨著《光学》出版
　　§2.4　牛顿成功的秘诀 / 49
　　　　　　一、勤奋刻苦，博学多才
　　　　　　二、不停思考，专注研究
　　　　　　三、站在巨人肩上，看得更远
　　　　　　四、正确的科学方法是通向成功之路
　　§2.5　力学与现代航天技术 / 53
　　　　　　一、航天器飞行的理论基础和三个宇宙速度
　　　　　　二、失重现象
　　　　　　三、航天技术简介

参考资料 / 58

第3章　平凡而伟大的法拉第 …………………………………… 59

　　§3.1　不向贫穷低头的科学迷 / 61
　　　　　　一、一个读书迷
　　　　　　二、阁楼实验室
　　　　　　三、聆听科学演讲
　　§3.2　执著追求，进入科学殿堂 / 66
　　　　　　一、抓住机遇，开始科学生涯新征途
　　　　　　二、欧洲旅途成为最好的大学
　　　　　　三、实验室中的工作狂
　　§3.3　伟大的发现和科学想象力 / 71

　　　　一、奥斯特的"磁生电"与法拉第的"电磁转动"
　　　　二、伟大的发现——电磁感应
　　　　三、杰出的科学想象力——"场"概念的提出
　§3.4　伟大的人格力量 / 83
　　　　一、热心公众事业的伟人
　　　　二、生命不息,研究不止
　　　　三、做一个"平凡的法拉第"
　§3.5　电磁波在现代技术中的应用 / 86
　　　　一、通信技术的革命
　　　　二、遥感技术的应用
　　　　三、材料和人体中微量元素的分析技术

参考资料 / 90

第4章　不向命运低头的居里夫人 …………… 93

　§4.1　青少年时期的爱国心和求学梦 / 95
　　　　一、良好的家庭教育
　　　　二、强烈的爱国心
　　　　三、坚定的求学梦
　§4.2　艰苦生活、奋发学习的巴黎求学时期 / 100
　　　　一、异常艰苦的大学生活
　　　　二、永不满足的学习动力
　　　　三、有共同理想的终身伴侣
　§4.3　罕见困难,顽强拼搏,从事放射性研究 / 103
　　　　一、第一个简陋实验室和钋、钍的发现
　　　　二、木棚实验室和纯镭的提炼
　　　　三、飞来横祸,继续拼搏
　§4.4　为全人类奉献一生的高尚道德和情操 / 110
　　　　一、开赴前线的居里夫人
　　　　二、华沙镭研究院的建立
　　　　三、研究成果贡献给全人类
　§4.5　放射性的广泛应用 / 115
　　　　一、放射性药物的应用

二、不流血的 γ 刀手术
三、辐射加工
四、中子活化分析法用于破解历史谜团

参考资料 / 119

第5章 献身科学与社会的爱因斯坦 ………………… 121

§5.1 好奇心、爱读书、爱思考(童年和少年时期) / 123
一、神圣的好奇心
二、书本打开科学之窗
三、理想实验带来科学灵感

§5.2 敢于挑战、勇于探索、创造奇迹(大学和专利局工作时期) / 129
一、广博的科学知识和深邃的哲学思考
二、科学研究道路上的知音和"奥林比亚科学院"
三、创造科学史上奇迹的1905年

§5.3 时空观的革命和创造奇迹的源泉 / 135
一、狭义相对论的创建
二、相对论速度相加定律和质能关系式
三、创造奇迹的源泉

§5.4 献身社会的战士 / 142
一、高尚的人生追求和信念
二、强烈的社会正义感和责任感
三、坚持不懈、奋斗终身

§5.5 核能应用 / 147
一、$E=mc^2$ 与核能的获得
二、核电站
三、可控聚变反应

参考资料 / 153

第 1 章
近代物理学之父伽利略

意大利帕多瓦大学,伽利略在此工作 18 年,在力学和天文学方面取得了一系列开创性研究成果

伽利略的发现以及他所用的科学推理方法是人类思想史上最伟大的成就之一,而且标志着物理学的真正开端。

爱因斯坦(《物理学的进化》,p4)

中世纪(5世纪—15世纪)的欧洲,宗教势力占绝对统治地位,以教皇为首的罗马天主教更是高居于世俗的君主政权之上。在教会统治下,科学与技术受到长达1 000多年的压制。人们对自然界的认识只是停留在古希腊时代。很多对自然现象的解释来源于古希腊几位伟人,其中古希腊伟大的思想家、哲学家和科学家亚里士多德(公元前384—前322)就是一位杰出的代表人物。他知识渊博,在哲学、物理学、天文学、生物学、历史学等方面都有他的著作,其中不乏丰富思想,推动科学发展;但由于时代的限制,以及只强调主观思辨和猜测,完全不以实验为依据的研究方法必然导致他也提出了不少错误观点,这些错误观点又被当作不可怀疑的教条严重阻碍了科学发展。尤其是"地心说"观点——把地球看作宇宙的中心,静止不动,所有天体绕它转动——与《圣经》一致,被宗教所利用,亚里士多德也被教会奉为"圣人"。后来古希腊天文学家、数学家托勒密(约90—168)又进一步发展了"地心说",受到教会的大肆吹捧。在那个时代谁反对亚里士多德和托勒密的理论,就是反《圣经》、反教会的异端,要受到宗教裁判所的严厉制裁。

14世纪一场影响人类文明进程的文艺复兴运动发源于意大利的佛罗伦萨。不久一股解放思想、反对神权的文化运动就吹遍欧洲大陆。到了16世纪,这场运动为欧洲大陆带来了生气勃勃的科学与技术的革命时期。

1543年,波兰天文学家哥白尼(1473—1543)在病逝前夕出版的不朽名著《天体运行论》系统地提出了日心说,纠正了亚里士多德和托勒密的地心说的错误观念,动摇了人们对神学和教会的神圣信仰。从此,自然科学开始从神学中解放出来,这一年也被认为近代科学诞生之年。

1564年2月15日,一位科学巨人——伽利略在文艺复兴运动的发源地意大利诞生了。本章将以伽利略的成长过程为主要线索,追述他的青少年时代,介绍他如何在不断批判亚里士多德的错误观点以及不顾安危、不断与教会的周旋和斗争中,在力学、天文学和开创实验科学方面做出了巨大的贡献,成为了近代物理的奠基人,被誉为"近代科学之父"。在这同时,也向读者介绍这位科学巨人,又是一个感情丰富、有血有肉的普通人。正是亲情、友情和师生情,支持和帮助伽利略战胜了一次又一次病魔的折磨,以及渡过了教会对他的一个又一个迫害所带来的困境,并陪伴他到生命的最后一刻。

§1.1 伽利略的青少年时代

一、父亲对少年伽利略的影响

1564年2月15日,伽利略出生在意大利西北部的古老的比萨城,城中有许多名胜古迹,其中最有名的是比萨大教堂旁的一座钟塔,至今已有800多年历史,由于奠基不慎,塔身倾斜,人们称之为比萨"斜塔"。伽利略的父亲文森西奥是一位很出色的作曲家和音乐理论家,兼数学家,在音乐方面有许多革命性观念,在意大利有一定声望。他曾写过一本音乐理论方面的书,反对思想僵化,反对盲目地接受前人遗留下来的知识,与其音乐老师公开挑战,以致书的出版遭到阻止。但文森西奥锲而不舍,3年后此书在佛罗伦萨出版发行。

图1-1 比萨斜塔与比萨大教堂,传说伽利略曾在此塔上做过著名的落体实验

文森西奥非常重视用实验来为理论举证。他认为:"想要完全依靠权威的影响来证明任何主张,而不是举出理由来予以论证,这种行为是十分可笑的。"[1],p23 他在一个房间里摆满了各种不同长短、不同粗细和不同绞紧程度的琴弦,以试音和检验有关

和声的设想。父亲这种意志坚定、不迷信权威和敢于挑战权威的精神,以及重视实验论证的研究方法给少年伽利略留下深刻的印象。

伽利略是文森西奥的长子,自小聪明好学,对周围的一切都充满好奇,对艺术同样有非凡的领悟力,他能弹得一手好琴,画得一手好画。当伽利略10岁时,由于生活所迫,全家搬迁到了佛罗伦萨(托斯卡纳公国的首府)近郊。其父除了从事教师和有关音乐方面工作外,为了生计,还从事一些经商工作。他希望伽利略将来当名医生,这是一个赚钱的职业,能够帮助父母一起抚养他的4个妹妹和两个弟弟,于是考入比萨大学学习医学是文森西奥为伽利略定下的奋斗目标。

二、放弃医学,喜欢数理和动手实验

1581年9月伽利略顺利考入了比萨大学。4年中他主要把精力花在了学习医学课程和医学论文写作上。但是他对医学并不感兴趣,所以他

> 要从事科学研究,首先要有科学兴趣,再加上穷追不舍的好奇心。
> 美籍华裔物理学家丁肇中(1936—)[8],p79
> 心语 兴趣是最好的老师,兴趣是成功的开始。兴趣可以培养,但无法强制。

常利用课余时间去听一些其他学科的讲座。1583年,在他听了宫廷数学家斯蒂洛·里奇受邀到比萨大学所作的几次有关欧几里得几何学的演讲后,他开始对数学产生了兴趣,并且他经常会在里奇讲座结束后提出一些问题向里奇请教。在这以后,他逐渐对数学着了迷,并发现他自己的真正爱好在数学,于是放弃医学职业的决心越来越大。伽利略极强的领悟力和非凡的才智引起了这位数学家的注意。由于里奇也是文森西奥的朋友,所以在里奇的一再说服下,文森西奥同意伽利略跟他学习数学。在比萨大学期间,求知欲强烈的伽利略还学习了亚里士多德的哲学和物理学,并发现亚里士多德的一些观点难以理解,尤其是对于亚里士多德的运动理论深表怀疑。这也激起了他对物理学研究的兴趣和欲望。

可惜,在毕业前不久,由于家庭经济情况不允许他继续上学,伽利略无可奈何于1585年在没有拿到大学文凭的情况下就离开了比

萨大学,回到了佛罗伦萨老家。坏事变好事,从此以后,他就在里奇指导下,有更多时间致力于数学学习和研究,撰写几何学的证明和论文,偶尔也作一些公开演讲。正是凭着他的数学专长,谋得了教一些私人学生的工作,以帮助维持全家生活。工作之余,他仍不忘继续学习和研究亚里士多德的著作、阿基米德的物理学以及一些批判亚里士多德观点的论文。1586年在阿基米德原理基础上,他深入研究了液体静力学的平衡问题,并发挥了动手实验的能力,发明了有用的"比重秤",可测量金属制品的比重,并写出了论文"小天平"。[3],p116 1587年又撰写了测量固体重心方法的论文"论固体的重心"。

在做私人教师的4年中,伽利略通过奋发学习、刻苦钻研,已在数理方面做出了不少有价值的科研成果,引起了学术界的关注。出色的数理方面的才能,使这位年仅25岁的年轻人在比萨大学获得了一个数学教授的职位。虽然年薪不高,但是给他的科学研究提供了较好的条件,因此伽利略还是很高兴。

三、追求真理,敢于挑战亚里士多德

"对运动无知就是对自然界无知"。亚里士多德曾这样说过,[1],p36可是根据他的运动理论,他认为在落体运动中,物体的下落速度与其重量成正比,所以重的物体先于轻的物体落到地面。这种看法在经验中确实可找到证据,如一根羽毛或一张纸片显然比一块石头要后落到地面。但是也不难找到反例,两个大小相差很多的铁球从相同高度下落时,应该就难以区分哪一个先落下。所以早在大学念书期间,伽利略就对亚里士多德的这一观点深表怀疑。

晚年陪伴在伽利略身边的一位年轻的助手维维亚尼(见本书§1.4,三)后来根据伽利略的谈话所写的传记中写到了这样两个故事。第一个是"伽利略吊灯"的故事:当伽利略还是一个学医的学生时,在1583年的一天,他去比萨大教堂做弥撒时,一盏悬挂着的吊灯,在空中有节奏地来回摆动,引起了他的注意。在风的吹动下,吊灯摆动的幅度时而大些、时而小些,但他发现来回摆动一次的时间竟然几乎相等,与摆幅大小无关。当时还没有钟表之类的计时工具,他是用自己的脉搏来计时的。直到今天,比萨的导游还会把那盏"伽利略吊灯"指给游客看。但是一些传记作家认为这可能是传说,其中一个理由是因为那盏灯是 1587 年制造的。[1],p356;[2],p292 但是不管怎样,伽利略进行过多年的单摆实验,发现了单摆摆动的等时性,即在摆动不大时(摆幅大约小于 30°),来回摆动一次的时间与摆幅大小和摆的重量无关,仅仅决定于摆长。在晚年时,他打算利用摆锤的摆动设计制造一台机械钟,并由他儿子画出了草图,可惜没能付诸实施。

第二个是"比萨斜塔实验"的故事。据维维亚尼所写,伽利略是带着很重的炮弹和很轻的火枪弹通过八层螺旋式楼梯,登上了比萨斜塔顶层,然后当着下面一群教授和学生的面让它们向下坠落,以此来证明它们将同时着地。事实上经一些科学史家考证表明,不仅比萨大学没有关于此实验的记载,而且伽利略本人也没有关于这次实验的任何记载,可能仅是晚年伽利略才向这个青年助手口头提到的故事。[1],p25,p356 因此一些传记作家都把这个故事称为"传说"。

事实上,确实早在比萨大学时,伽利略已从怀疑发展到开始参加到批评亚里士多德观念的批评者的行列。他首先抓住的正是对自由落体运动的研究。当时伽利略确实已直观意识到亚里士多德关于落体速度与重量成正比的观点是错误的。他认为:若按亚里士多德的观点"100 磅的球从 100 个臂长的高处落下来,它击中地面时,从同样高处落下的 1 磅重的球才落下 1 个臂长",这简直不可能,它们是同时落地的。[1],p26 后来在他所写的巨著《对话》(见本书§1.3,三)一书中,更是以风趣的语言规劝亚里士多德的信徒说:"一个 100 磅重的球和一个 1 磅重的球,同时从 100 码高度落下来时,大球落地,小球只落下 1 码远。现在请你(如果你能够的话)在脑子里试行想象一下当大球落地时小球离塔顶还不到 1 码的情况。"[4],p156 更有意思的是,他还用逻辑推理法,直接指出了亚里士多德观点的内在矛盾。伽利略设想如果把一块重物和一块轻物捆在一起,让它们自由下落,则按亚里士多德的观点,由于重物下落快,轻物下落慢,所以两物捆在一起后的速度应比重物慢,但要比轻物快,介于两者之间。但是,从另一角度看,两物捆在一起后,则总重量比重物还要重,所以下落时速度比重物还要快。可见都是按照亚里士多德的观点,却得到了两个矛盾的结论!这一逻辑推理,被写入了晚年伽利略的著作《关于两门新科学的对话》中。[5],p90

1591年,伽利略70岁的父亲去世,伽利略毅然挑起了赡养母亲和3个弟妹(已有3个弟妹已经过世)的经济重担。

由于在比萨的教授们中,不少是亚里士多德的信徒,他们对伽利略反对亚里士多德的言论很反感。因此,在比萨的3年中他很孤独,成为一个不受欢迎的人。在3年聘期届满时,伽利略没得到续聘,便于1592年夏季回到了佛罗伦萨。由于他的卓越的创造才能,使他不久便找到了新的职位——隶属威尼斯公国的帕多瓦大学数学教授职位。统治威尼斯的一位大公思想开明,人们可在这里享受到思想和言论上的自由。在帕多瓦大学学术气氛也较为自由,允许学术上有不同观点。伽利略所得的年薪也比在比萨时要高很多,他感到心满意足。

§1.2 在帕多瓦大学前期(1592—1604年)的开创性工作

1592年秋季伽利略迁往帕多瓦,12月7日他开讲第一堂课,教室里座无虚席,受到在校师生的尊敬和欢迎。伽利略本人也判若两人,不再感到孤独。在帕多瓦他结交了不少朋友,其中有些是威尼斯共和国文化和知识界的领袖人物。在帕多瓦他还遇到了玛丽娜·甘巴,并生活在了一起。他们并没正式结婚,12年的相处,玛丽娜为他生了3个孩子,其中两个女儿和最小的儿子。在科学研究上,在帕多瓦的18年,正是他取得一系列开创性的科研成果的时期。在前期的十多年中,他主要致力于力学和其他物理学问题的研究。1604年冬天一个不寻常的天文现象的出现(天空出现一颗超新星),使伽利略开始转向天文学的研究(见本书§1.3)。

一、开创实验与数学相结合的科学研究方法,自由落体定律

为了深入地对自由落体运动进行定量的研究,伽利略敏锐地考虑到单摆运动时,摆锤的下落过程与自由落体运动有很大的相似性。单摆运动的等时性似乎也反映了物体从高处自由下落的时间与重量无关。于是,他将单摆实验中摆锤的弧线下落简化为物体沿斜面的直线下落,开

> 实验是最强有力的杠杆,我们可以利用这个杠杆去撬开自然界的秘密。在解决某一假设是保留还是摒弃这样一个问题时,这个杠杆应当成为最高级的评审法院。
>
> 英国物理学家伦琴(1845—1923)[9],p57
>
> **心语** 物理学是一门实验科学,遵循实验——理论——实验的发展原则。物理学的发展,充分体现了实践是检验真理的唯一标准。

创性地设计了斜面实验。显然当斜面的倾角接近90°时,物体的下落就趋向于自由落体了。这里当然要求物体与斜面之间的摩擦力要非常之小,于是,他设计了用小球沿斜面滚下的实验。在伽利略的手稿中发现了他约在1604年所做斜面实验的草图以及记录的数据。在后来出版的《关于两门新科学的对话》一书中详细描述了斜面实验,书中写道:"取长约12库比(1库比=45.7厘米),宽约半库比、厚约三指的木板。板上刻了一条一指多宽的槽,槽非常平直,经过打磨,在直槽上贴羊皮纸,尽可能使之光滑。然后将木板一头抬高一、二库比,使倾斜,再让一个非常圆的、硬的光滑黄铜球沿槽滚下……我们发现铜球滚下全长的1/4所需时间恰好是全程所需时间的一半。接

图1-2 著名的斜面实验(在佛罗伦萨博物馆的这幅壁画中,伽利略正在向上流社会讲解斜面实验,展示科研成果)

着我们测量了滚下全程一半距离、三分之二距离、四分之三等距离所用时间,同全程所用时间进行比较。这样的实验重复了整整 100 次。最后,我们发现,经过的空间距离与所用时间的平方成正比($s \sim t^2$),而与物体重量无关。这一规律对各种斜度都成立。"[6],p15 大量实验也同时揭示了落下的时间与物体重量无关。巧妙的是,他设想,如把斜面逐步竖立起来,小球的下滚运动就趋向自由落体了。

实际上伽利略在对落体运动观察的基础上,发现了速度在不断增加,并认为这种增加应是以极其简单的方式体现出来。于是伽利略第一个提出了加速度的概念,并且假定可以用最简单的匀加速运动的规律来处理落体运动。按匀加速运动规律,由静止下落物体的速度将随时间不断增加,且与时间成正比($v \sim t$),由此很容易推算出下落的距离必将与时间的平方成正比($s \sim t^2$)。这就是前面提到的著名的落体定律。伽利略正是在"匀加速运动"假设的基础上,通过数学计算进行推理,得到了自由落体定律,再用斜面实验来进行检验。[2],p292 所以应该说伽利略得到自由落体定律是依靠了理性思维和实验相互结合、相互印证的结果,缺一不可。

可见,伽利略重视经验与理性思维的结合,他开创了实验与数学的结合,既重视逻辑推理,又强调实验检验,已初步建立了一套较为完整的科学研究方法,大致过程如下:

伽利略是开创科学实验第一人。在他之前人们仅仅是通过对天体运动的观测以及直观的经验事实来进行科学研究。而亚里士多德及其信徒们只相信思辨,相信主观臆想,从不做实验,甚至视观测事实而不顾。亚里士多德还排除了用数学方法去研究物理,其理由是数学家思考的是非物质概念,而自然界则完全是由物质构成的。人们不可能指望自然界会遵循精确的、用数字表示的规则。[1],p299 可是亚里士多德的这些错误观点在近两千年来却一直被教会及其信徒们奉为"圣旨",长期紧箍着人们的头脑。在这种情况下,勇敢的伽利略,针锋相对地打破了近两千年来的枷锁,成为开创实验和数学相结合的科学研究方法的第一人。他的这一开创性工作,立即遭到了教会和亚里士多德的大量信徒的反对。但是伽利略坚信采用这种方法对自然界进行分析和研究,"将会对一门重大而卓越的科学打开大门和开辟道路",并预测说:"一些比我更敏锐的头脑一定会对它进行更深入的探索。"[1],p299 确实如此,后来的牛顿正是利用和发展了这种研究方法,建立了"万有引力定律"。

伽利略所开创的基本研究方法,不只是为近代物理,乃至为近代科学的发展奠定了基础。没有实验,没有实验与数学的结合,不可能有近代物理和近代科学的今天。伟大的物理学家霍金说:"伽利略可能比任何其他人更有资格被称为近代科学的奠基人。"[3],p188 伽利略不仅被后人称为近代物理之父,事实上也被看作整个近代科学之父。[7],p156

二、威力无比的理想实验,惯性定律

在上述利用斜面实验发现自由落体定律规律的同时,伽利略通过对记录仔细分析,还发现物体下落的速度仅与斜面的垂直高度有关,而与斜面的长度无关。此外他还发现一个小球从左面一个斜面上高度为 h 处滚下时,它可以"爬"上右方斜面,若球体所受摩擦力和空气阻力可忽略时,则小球可上升到同样的高度,与斜面倾斜度无关。伽利略想象如果右方斜面倾角为零,即为水平面时,则小球将以滚到地面时的速度,以匀速运动在水平面上一直滚下去。于是伽利略在上述理想实验(实际不受任何外力的情况是一种理想情况,无法在实验室中实现,但人们可以在思想中进行这种假想的实验,故称理想实验或思想实验)的基础上,提出了惯性运动的概念——一个不受外力作用的物体将保持

图1-3 理想实验——惯性运动(在理想情况下,当斜面倾角为零时,小球将沿直线永远保持匀速运动状态)

匀速运动状态,无止境运动下去。并指出了亚里士多德的"外力一旦去除,物体运动将停止的观点"是错误的。后来牛顿在此基础上,提出了有名的惯性定律,即牛顿力学第一定律,成为经典力学基本定律之一。

伽利略所提出的理想实验方法,在近代科学的研究中更是起到非常重要的作用。从以后牛顿建立万有引力定律和爱因斯坦建立狭义相对论的过程中,可以看到在他们的思维中都用到了理想实验,充分显示了它的威力。

三、重要力学规律,相对性原理

伽利略不但对近代物理学做出了巨大贡献,而且对现代物理学的重要理论基础——爱因斯坦相对论的建立,也起到重要作用,这就是下面要介绍的伽利略所提出的相对性原理。

亚里士多德及其信徒们认为"地球是静止的,固定在宇宙的中心",这些论据大多数是从地球上所观察到的现象得出的。例如:一个证据是说,物体自高空落下总是沿着垂直于地球表面直线进行的。所以石头从高塔落下时,如果地球绕日运动,则塔也要动,于是石头就将落到离塔底一定距离处。但实际上石头直线落到塔底,所以地球是静止的。类似的另一个证据是,在相同条件下一门大炮向东发射的炮弹与向西发射的有相同的射程,这也说明了地球是静止的。他们甚至认为"对这些论据要找到强有力的反驳是不可能的"。([4],p89,p90)

针对这些论据,伽利略建立了著名的"相对性原理"。他提出了一个在船舱里的实验:"把你和你的一些朋友关在一条大船甲板下的主舱里,里边还有几只苍蝇、蝴蝶和其他小飞虫,鱼缸里放有几条鱼。然后,将一只水瓶倒挂,让瓶里的水一滴一滴地滴进下边的水罐中。船静止不动时,小虫向着舱内各个方向飞行,鱼向各个方向自由游动,水滴滴进罐子。你扔东西给你朋友,只要距离相等,向这一方向不必比另一方向用更多的力。你双脚齐跳,无论向哪个方向跳过的距离都相等。再使船以任何速度向任何方向前进,只要运动是匀速

的,且不忽左忽右地摆动,你将会发现,所有上述现象丝毫没有变化。你无法从其中任何一个现象来确定,船是在运动还是静止不动。即使船开得很快,你向船尾跳也不会比向船头跳来得更远;不论你的朋友在船头或船尾,你扔东西给他所用的力还是相同;水滴仍能滴进下面的罐子,尽管水滴在空中时,船已向前运动了;鱼游向各个方向用的力也是一样的;飞虫还是到处地飞,它们绝不会向船尾集中。"[4],p130

这个船舱里的实验结果充分表明,不论船开得多快,只要是匀速运动,你就无法在船上通过力学实验来确定所坐的船是否在运动,以及运动速度多快。这就是著名的伽利略相对性原理。由此实验,伽利略有力地说明了亚里士多德等人的地球静止的论据是完全不成立的。上述相对性原理也可表示为:在任何惯性参考系*中,力学运动规律都一样,运动方程形式保持不变。

§1.3 捍卫真理,宣传日心说,挑战权威和教会

在帕多瓦大学后期(自 1604 年到 1610 年他离开帕多瓦大学期间),以及他离开帕多瓦大学直到临终,他主要开展了天文学的研究,为捍卫和支持哥白尼日心说,挑战权威和教会而奋斗终身。

一、第一个用望远镜打开通向天文学大门的人

历史上用望远镜对准天体,打开通向天文学大门的第一人就是伽利略。

1604 年的 10 月发生了一起不寻常的天文学事件——天空中出现了一颗从未见过的"新星",它异常明亮,在整个 11 月份一直非常耀眼。根据《圣经》上所说,上帝创造了这个宇宙之后,将永恒不变,星辰数量既不会增多,也不会减少。所以这颗"新星"向《圣经》提出

---

* 通常是将牛顿第一定律(即惯性定律)在其中成立的参考系称为惯性参考系(简称惯性系),相对惯性系作匀速运动的参考系也是惯性系。地球就常被近似作为惯性系考虑。

了挑战。而这个永恒规律也正是亚里士多德所珍视的信条。根据古希腊哲学,尘世间的物质由土、水、空气和火4种基本要素组成。而按亚里士多德的观点,天空完全由第五种要素——以太构成,而以太是始终不变的,即天空将永恒不变。于是,亚里士多德学派的信徒们宣称:这一天文现象只是发生在地球与月亮之间大气层内的气象事件,不是天上的星辰。但伽利略对此"不速之客"作了详细观察,发现这颗星不仅远在月亮之外,且远在各个行星之外,是一颗亮度在发生变化的真正的恒星。[1],p58 事实证明,伽利略是对的。

这件事情大大地激发了伽利略研究天文学的兴趣,使他把研究重心逐渐转向天文学。实际上,早在青年时代,伽利略在比萨大学时就了解了哥白尼的学说,并表示赞赏。并且,伽利略与坚信哥白尼学说是正确的德国天文学家开普勒之间也有通信来往,相互支持和鼓励,表示要共同捍卫日心说。

但是要进一步研究,单凭肉眼来观测天体运动是极其有限的,所以如何能看清已知星球的真面目,如何能看清更遥远天空中天体的运动,这是伽利略梦想实现的情景。1608年,荷兰一位制造眼镜的工匠,他在翻找各种不同品种的玻璃片时,偶然通过两片玻璃(一片凸的,一片凹的)居然看到了远处用肉眼看不清的物体,就这样这个荷兰人发明了望远镜。第二年伽利略就知道了这个信息,他非常高兴,马上着手研究此望远镜的基本原理,很快了解到这是依据光通过透镜的折射理论。掌握了要点后,他便自行设计和打磨出凸凹一对透镜,装到一个金属圆筒里,很快就制成了可使物体放大近3倍、放大约10倍的望远镜。此后,伽利略不断改进,使望远镜的放大倍数不断提高。当消息传到威尼斯后,伽利略就受命将望远镜运到了威尼斯。那些议员和绅士们都饶有兴趣地进行观看,个个表示出惊奇。在伽利略给其妹夫的信中描绘道:"我制成望远镜的消息传到了威尼

图1-4 伽利略1609年制造的望远镜(现保存在佛罗伦萨博物馆)

斯,一周后,就命我把望远镜呈献给议长和议员们观看,他们都感到非常之惊奇。绅士和议员们,虽都年纪很大了,但都一个个按次序登上了威尼斯的最高钟楼,眺望远在海上的船只,看得都很清楚。如果没我的望远镜,就是眺望两个小时,也看不见。望远镜使50英里外的物体,看起来像在5英里以内一样。"([4],导读,p7)

很快,伽利略首次将望远镜用到了对天体及其运动的观测,实现了要对天体看得更清楚的梦想,从而揭开了天文学史上崭新的一页,对探索和认识宇宙起到了巨大的推进作用。

二、用观测的事实支持日心说,挑战亚里士多德

1609年11月,伽利略首先用他的望远镜对准了离地球最近的星球——月球,结果使他非常震惊。因为他看到的月球,其表面与地球一样高低不平,丘陵和山岭到

> 科学是我心中的温暖和愉快,使我无所畏惧,视死如归。
> **意大利科学家布鲁诺(1548—1600)**([10],p74)
> **心语** 以生命捍卫日心说,被宗教裁判所处以火刑的科学家布鲁诺,一生为真理而斗争的科学精神永远活在世界人民心中。

处可见,并不像亚里士多德学派所宣称的月亮表面是平坦、光滑、呈球形。在对银河的仔细观测后,他发现"银河"也并不像人们普遍认为的是一条云带,实际是由一大群、多得数不清的星星所组成的。

1610年1月,伽利略又将望远镜对准了木星,他发现了木星有4颗卫星,正像月亮是地球的卫星一样。托勒密地心说的支持者曾提出过质疑:"如果地球、金星、木星、土星等都围绕太阳转,而月亮又是地球的卫星,那么为什么其他星球没卫星?"他们企图以此来说明地球之所以有卫星正是因为地球不同于其他星球,是静止在宇宙中心的缘故。伽利略的结论是木星不仅有卫星,而且有4颗!这是驳斥地心说支持者的重要依据。

1610年3月,伽利略出版了一本新书——《星际使者》,报道了上述他所观测到的一系列真实而惊人的星空景象,向亚里士多德和托勒密错误的天文学观点进行公开挑战,并且首次公开表示支持哥白

尼学说。

《星际使者》出版后，不到一周便销售一空。由于书中精彩绝伦的内容，很快传遍欧洲各国，并引起了全世界的关注，获得了极大的赞誉——"伽利略发现了新宇宙"。天文学家开普勒(1571—1630)尽管没有一架能证实书中内容的望远镜，但读了此书后，考虑到伽利略严谨的科学作风，他写信给伽利略，表示完全相信他的观察。后来还写了"关于〈星际使者〉的评论"，对伽利略的思想作了有力支持和补充。[1],p41;[2],p95

在伽利略这本书获得广泛认可和荣誉的同时，也为他引来了教会和亚里士多德信徒们的反对，他们恶意中伤："木星的那些卫星十有八九是错觉，说不定就是伽利略的透镜把它们弄到天上去的。"[1],p45 但是，这一切不能让伽利略停下对天文学的研究，动摇他支持哥白尼日心说的决心。

1610年9月，伽利略接到佛罗伦萨科西莫二世大公殿下(托斯卡纳公国君主)的正式邀请，被任命为"比萨大学首席数学家和宫廷哲学家兼数学家"的职位，到宫廷里就任新职。为什么他愿意离开已工作了18年之久的帕多瓦大学，离开威尼斯这个思想开明，对他的一些挑战教会的思想并没引来多大风波的地方呢？他在给佛罗伦萨的好友的信中道出了原因：因新的工作任务少，在摆脱了大学较多的教学工作后，可集中精力从事科学研究。同时薪水很高，足以让他养家，并能更好地照顾好他的弟妹。

伽利略与科西莫二世大公之间还有一段深厚的师生情谊。那是他在帕多瓦大学任教时，自1605年开始每年暑假回到佛罗伦萨时，他都会应当时托斯卡纳公国的老君主费尔迪南多大公及其夫人的邀请，担任王子(即现在的科西莫二世大公)的私人导师，伽利略很喜欢这个王子学生，这位王子也被伽利略的学识所吸引。1609年1月，费尔迪南多大公病故，不满19岁的科西莫王子登上了宝座，成为尊贵的科西莫二世大公。不久就授予伽利略这个宫廷职位。实际上这位年轻的大公以其权势成了后来伽利略受迫害时的保护人。

回到佛罗伦萨后，他立即投入天文观测，很快发现在土星两侧似乎有"两颗伴星"。实际上当时由于观测条件限制,伽利略不足以看清。直到1656年荷兰科学家惠更斯用了更大更好的望远镜,才断定不是两颗伴星而是在土星周围存在着光环。*

  1610年12月他又有了一个不同寻常的发现——他观察到金星也有位相,即同月亮的盈亏一样,有"满月"到"残月"的变化。但是不同的是:金星在"满月"时,它的大小看上去最小,从"满月"到"残月"变化时,它的大小看上去会渐渐变大。而对月亮而言,从满月到残月变化时,其大小没什么变化。伽利略认为这一新发现更是哥白尼太阳中心说的有力论据,它直接证明了托勒密的地心说是错误的。因为如果金星像月亮一样绕地球作圆周运动的话,其看上去的大小不会随"满月"到"残月"的变化而变化。如果假定金星和地球都绕太阳转动,且金星转动的半径比地球的小,另外它和地球一样自己不发光,只能反射太阳光的情况,则从地球上看到金星"满月"时,它是在离地球最远的一侧,所以它的大小最小;而当金星逐步接近地球时,我们只能看到它的部分反射光,即"残月"情况,则大小会逐渐变大,与实际观测完全相符。

  当伽利略用望远镜对准太阳时,又有了新的重大发现,他看到在太阳表面上竟然有暗处,像黑斑,现在天文学上称之为"黑子"。他报告说:"在天空应被认为最纯洁、最宁静的那个地方——我是说在太阳的表面上,这些数不清的一群群密集的、模糊不清的物质在被发现的短暂时间里不断地产生和消失。"他根据黑子移动现象的分析和研究又进一步指出,正是由于太阳的转动使黑子随之发生位置的变化。这对亚里士多德关于"天体是完美无缺的"以及"天是永恒不变的"等错误论断又是一次致命的打击。此时,亚里士多德和教会的一些忠实信徒又跳出来,凭主观臆想说,这些黑子必定是许多环绕太阳移动的一群小星,以此来维护太阳的完美形象。但是伽利略在给他好友韦尔泽的信中,明确指出:"太阳黑子在太阳的表面产生和消失,并紧

---

* 现代科学告诉我们,土星光环是由无数大小不等、形态各异的冰块和其他混合物构成,在阳光照射下色彩斑斓。

贴太阳的表面,而太阳在大约每月一次绕轴自转时带着它们,可能把其中一些寿命超过一个月的黑子又带了回来,但由于形状和样式变了,我们不容易把它们认出来。"[1],p62) 1613年,伽利略在仔细观察的基础上,出版了著作《关于太阳黑子的通信》。

由于伽利略及其支持者的不断努力,哥白尼学说逐步被广泛传播,并且得到越来越多人的承认,其中也包括一些教会人士。对此,教会越来越感到恐慌,害怕统治地位的动摇。伽利略的名字也随之被列入罗马宗教裁判所的黑名单。1616年2月的一天,宗教法庭传唤了伽利略,要他放弃对哥白尼学说的宣传,否则将对他起诉。伽利略被迫默然同意放弃对哥白尼思想的宣传。1616年3月5日罗马教廷又下了一道教令,查禁了哥白尼的《天体运行论》及其他一些被称为"与《圣经》相抵触"的"异端邪说",这些书被列入了"教廷禁书目录"。但幸运的是伽利略躲过了教廷对他个人的指责,他本人的著作没被列入禁书。

三、坚持捍卫真理,发表惊世巨著《对话》

伽利略虽然在罗马被迫表示放弃宣传哥白尼学说,但他内心是坚信得到大量观测事实所支持的哥白尼的日心说是完全正确的,而地心说则十分荒谬。探索真理、坚持真理的决心使他不能在科学研究的道路上停下来,尽管前面征途险恶,他仍要为捍卫真理而斗争。在这里也应该告诉读者,在伽利略的通信集中,有很多地方都提到了由于病痛使他不能及时给人回信,或不得不匆匆忙忙把信结束。此时,已50多岁的他,健康不佳,痛风、肾结石常带来阵痛,还有胸痛以及失眠和各种眼疾带来的苦恼等等。使人敬佩的是,他常常一离开病榻,就立即投入科研工作。

从罗马回到佛罗伦萨后,他又继续从事天文观测和研究,要用新的事实和论据来进一步充实哥白尼学说。在依靠望远镜来证明哥白尼体系的同时,伽利略又提出了一个从对地球本身的观察来说明地球在运动的佐证,这就是他关于潮汐现象的解释。这一重要内容后来也被写进了他的巨著《对话》之中。他认为"就地动或地静而言,所

有地上的事件除海洋的潮汐外,都是无所偏袒的"。因为只有水,"由于它的流动性,是相当自由的"。"如果地球是不动的,海洋的潮汐就天然不能发生;而当我们赋予地球以运动时,海洋就必然产生潮汐。"[4],p293 当时伽利略认为这是说明地动说的有力证据。实际到牛顿发现了万有引力后,人们才完全搞清楚海洋潮汐的产生是由于海水受到太阳和月亮的引力,以及地球绕太阳公转时所产生的惯性力作用的结果。

1623年8月伽利略的昔日好友——55岁的红衣主教马费奥·巴尔贝里尼当选为新教皇,成为乌尔班八世。两人已有十多年的通信交往,新教皇是一位喜爱艺术和科学的学者,对来自乌尔班家乡佛罗伦萨的伽利略的科学成就十分赞赏,称他为"一个具有巨大价值的高尚而虔诚的人"、"是奇妙天象的发现者"。伽利略自认为有新教皇的赏识,可以放心开始写一本《关于潮汐的对话》,以进一步表达和宣传地球在运动的思想,支持哥白尼学说。可是,他很快得到教会的刁难和阻碍。那位曾赏识他的新教皇也立刻变脸,站在教会立场出面告诫伽利略,提出了一系列限制。首先是书名要改,因为"潮汐"一词会使人联想到地球的运动。尤其是要求在书中把对"地球运动"的两种观点(日心说和地心说)都叙述出来,并必须指出所谓"地球运动"仅仅是为了方便理解天体运动而提出的一种假设而已,并没有确凿的证据来证明这种现象。还要求书中必须以"是万能的神用人类想象不到的方法创造了世界"作为最后结论。[2],p176 只有这样,他的书才能允许出版。

面对如此的刁难,为了能坚持宣传哥白尼学说,聪明的伽利略采取巧妙的方式,表面上看来维护罗马教会,将两种观点都讲到,但实际上他站在哥白尼体系一边宣传日心说。为此,伽利略将书名改为《关于托勒密和哥白尼两大世界体系的对话》,书中采用了三人对话的形式,讨论托勒密地心说和哥白尼日心说哪个正确的问题。其中对话者萨尔维阿蒂代表哥白尼,沙格列陀作为对二人观点作判断的公正人,实际代表伽利略自己。这两人的名字取自他的两位赞成哥白尼观点的已故朋友的真实姓名。另一人叫辛普利邱代表托勒密,这个化名借以纪念6世纪的这位亚里士多德学说的注释者。在《对话》中表面上看不出伽利略本人站在哪一边,而所列出的大量事实和论据都强有力地支持了哥白尼日心说,并严厉地批判了亚里士多德和托勒密的错误理论。可见,为捍卫真理伽利略冒着很大的风险。

为了尽量避免引起风波,不影响《对话》最终的出版,伽利略在书前写了一篇题为"致明智的读者"的序言。在开头他用一种似乎是维护罗马教会的口气写道:"几年前,为了排除当代的危险倾向,罗马教会颁布了一道有益世道人心的敕令,及时地禁止了人们谈论毕达哥拉斯学派的地动说。"但接着又写出他写《对话》的目的是"我决心作为对这一庄严真理的一个见证人而公开出现在世界舞台上"。这里的"真理"在伽利略的心中显然是指"日心说",正是上述的"地动说"。在序言中,伽利略又进一步写道:"为了达到这个目的,我在讨论中站在哥白尼体系一边,把它作为一种纯数学假设来叙述。"这里他虽然表面看来他按教会要求把哥白尼体系作为一种"数学假设"来介绍,但是他内心把它看作一种科学真理。为此,在序言中他紧接着马上写道,"并用一切方法说明它,使它看来比假定地球静止的学说来得好。"[4],p1

图1-5 1632年版《对话》的卷首插图(画中左边是亚里士多德(公元前384—前322),中间是手持地心说的托勒密(约90—168),右边是拿着日心说宇宙模型的哥白尼(1473—1543))

由于伽利略身患疾病,加上在写作过程中一系列新的观测、新的问题出现,都影响了他的写作,以致他断断续续花了6年时间,直到1630年3月才完成用意大利文写就的书稿。书稿完成后,一场争取该书出版的严峻斗争又开始了。由于伽利略的个人魅力及其为争取出版的百般努力,加上朋友的支持、亲人的关怀,终于在罗马该书通过了出版审查。1632年初全书印制完成,此时伽利略已是68岁的老人。由于《对话》这本书形式活泼,语言通俗,事实翔尽,内容丰富,寓意深刻,发人深思,因此出版后它立即成了畅销书。

巨著《对话》在科学史上占有极为重要的地位,堪称科学史上的杰作。全书写了4天的对话。按《对话》中译本开头的"导读"一文中所归纳的,这4天对话的主要内容是:第一天批判了亚里士多德所谓"天不变"等一系列谬论;第二天用科学事实论证了地球的周日运动(自转);第三天以大量的观测资料论证了地球的周年运动(公转),否定了地球为宇宙中心的错误说法;第四天讨论潮汐问题。[4],导读,p12]可见,全书伽利略充分利用了他20年来用望远镜所观察到的全部事实和其他实验,有力支持了哥白尼学说。书中对亚里士多德派错误观点的批判也随对话的深入逐步严厉、不留情面。如在第二天的对话中,作为伽利略的代表沙格列陀痛斥了亚里士多德的信徒:"啊,那些思想浅薄的人,他们的卑鄙真使人无法形容!甘心情愿做亚里士多德的奴隶,把他的什么话都奉为圣旨,一点不能违反。把亚里士多德看作恩师,对那些他们自己都弄不懂其写作意图或者用来证明什么结论的论据,都称为非常'有力','理由十分明显',自己深信不疑!"[4],p79]并且借哥白尼的代表萨尔维阿蒂的口,针对亚里士多德和托勒密反对地动说而对沙格列陀讲道:"你将会看出哥白尼头脑之精细和眼光之敏锐要大大超过托勒密,因为托勒密没有看到的,他却看到了。"这里显然是指看到了地球的运动。"[4],p81]可以说,当读者读到《对话》的最后一页时,他们会完全相信,毕达哥拉斯和哥白尼已经彻底地把亚里士多德和托勒密打败了。

除了科学地论证了地动说,使哥白尼学说在斗争中取得胜利以外,全书还充分强调了科学观察、科学实验的重要性。并且一再强调了自然科学的结论不以人们的意志为转移。人的认识不应当是凭空想象或捏造,而应来自"那本经常在我们眼前打开着的最伟大的书里",这本书就是自然界。同时,伽利略又是非常重视读这本"书"的人,他认为"任何人只要长一双眼睛,有一个头脑,就足够做他们的向

导了"。([4],导读,p14)

§1.4 信念坚定,战斗不息

一、受迫害、不放弃信念

《对话》一书论证和宣传了新的宇宙观,批判和动摇了宗教神学赖以生存的理论基础——亚里士多德和托勒密的错误理论。这本书一出版就受到普遍欢迎,使哥白尼学说日益深入人心。与此同时,教会以及乌尔班教皇身边的一些亲信,加上在罗马的伽利略的一大批敌人读到此书,也马上发现书中隐含的真相,产生了一片恐慌,就在乌尔班教皇面前煽风点火,要治伽利略之罪。乌尔班八世,这位曾经很赞赏伽利略的朋友也被《对话》大大激怒了。伽利略在书中没有按教会规定把地球运动说成是一种"假设",他感到自己被愚弄了,大发雷霆,从此,对伽利略的态度发生了根本的变化。

在9月底,佛罗伦萨宗教法庭审判官接受罗马宗教裁判所的命令,宣布禁止销售《对话》(实际此书早已售完),并要求伽利略10月到罗马宗教法庭受审。此时,69岁的伽利略已是年老多病,一时不能前往。尽管当地一个由3位著名医生组成的小组出面对伽利略作了诊断,并说明他晚年身体衰弱,患有心脏病、关节炎、忧郁症等,希望能免于前往罗马的长途跋涉之苦,否则有可能危及生命。但是宗教法庭拒绝了这份报告,并威胁说若不去的话,就将把他逮捕戴上镣铐拖到罗马。在这种情况下,在朋友们的帮助下,伽利略只能抱病前往,并于1633年2月13日一路非常艰难地到达罗马。在离开佛罗伦萨时,伽利略在给他朋友的信中谈到他已经预料到这次去罗马"将不得不去对付一些凶恶的敌人和满怀仇恨的迫害者"。([1],p229)可见他已充分认识到处境的严酷。

在罗马他又度过了漫长的两个月。罗马宗教裁判所根据教皇旨意一手策划,于1633年4月正式开庭对伽利略进行审讯,审判席上有十名宗教法官,还有一些打手在边上。审判历经前后4次审讯(至今这些一问一答的审讯记录仍被保存)。在审讯中法庭根本不听伽利略的申辩,而是扬言要对他进行捆绑、拷打和用刑,以此来对这位身患多种疾病的老人进行百般威胁。审讯的目的很明确,要伽利略承认拥护和宣传哥白尼的日心地动说的罪行,并要他放弃哥白尼的学说,摒弃真理。1633年6月22日宗教裁判所宣判伽利略犯有触犯《圣经》的大罪,应该"遭到神圣的宗教法规"的"谴责和处罚"。只有当伽利略按照教会对他的规定"发誓放弃、诅咒和痛恨上述错误和异端邪说,以及反抗天主教和罗马教皇的教会的其他每一错误和异端邪说,才可免除教会的谴责和处罚"。[1],p274

图1-6 伽利略在罗马面对宗教裁判所的审判

在宗教法庭的威逼下,伽利略为免去残酷迫害甚至要遭受的火刑,被迫表示认罪以及放弃哥白尼的观点。但尽管如此,害怕、恐慌"真理"传播的封建教会,在法庭判词中还是宣布判处伽利略在宗教法庭的监狱中"终身监禁",以及"查禁伽利略的《对话》,并昭告于世"。对这份判决书,10个审判官中只有7人在上面签了名,这是因为在审判官中分成亲伽利略和反伽利略两派。其中最强烈主张从宽处理的红衣主教弗朗切斯科·巴尔贝里尼(教皇侄儿)在开会时干脆不来,也不在判决书上签字。

此外,伽利略还被迫在法庭上身穿悔罪者所穿的白色长袍跪在地上,按照命令宣读忏悔声明,最后一句是:"我,伽利略·伽利莱,公开放弃邪说,而且像以上所说,保证并约束自己。我亲手在现在这份誓绝书上签名以作为证据,并一字一句地宣读了它。"[3],p182

人们传说,伽利略在读完忏悔声明从地上爬起来时,曾低声嘟哝:"但是地球仍然在转动。"甚至还有一种说法是,他仰着看天和跺着脚说了这句话。尽管在一些重要的传记中都认为在当时伽利略不可能这样讲,这只是传说。但此后,伽利略的一切行动,却是充分说明了人们的传说确是他内心真言,他相信科学、相信真理的信念一点也没有变。正是这种尊重客观事实、捍卫真理的决心,促使他在服刑期间继续进行科学研究以终余年,永远没有放弃为捍卫真理而战斗。

伽利略蒙受屈辱的消息,加上宗教法庭到处张贴伽利略的判决书,这件事情很快从罗马传播开,甚至传到欧洲很多国家。在这种情况下,禁书《对话》又被暗地里重印而出现在市场上,售价还大涨了许多倍。全国的许多教士和教授都设法购买这本书。此书在1635年又由他的朋友请人将意大利文写就的《对话》译成拉丁文,在全欧洲普遍发行。1661年又出版了英文译本,传播更为广泛。从此,越来越多的人尊重和追随伽利略,相信哥白尼学说。真可以说,罗马教廷是"搬起石头砸了自己的脚"。

二、伽利略的亲情和友情

由于两个家族名声相差太多,与伽利略未正式结婚的妻子玛丽娜于1611年改嫁离开了他。两个女儿跟随他,儿子跟她母亲,但伽利略一直关心着儿子的学习和成长。由于是非婚生,又缺乏嫁妆的姑娘不能指望出嫁,较好的出路就是进修道院。1613年10月,

> 友谊需要忠诚去播种,热情去灌溉,原则去培养,谅解去护理。
>
> 德国政治家、哲学家马克思(1818—1883)[8],p228
>
> **心语** 朋友间真挚的友谊是人的一生中非常宝贵的财富,它会帮助你成长、进步和成功;相反的话,这些"朋友"会使你受到伤害,甚至引你走上邪路。

13岁的维尔吉尼娅和12岁的利维亚一起进入佛罗伦萨附近阿切特里的圣马泰奥女修道院,直到年满16岁两个女儿才相继成为女修道士。姊姊取名玛丽亚,妹妹取名阿尔坎杰拉。其实就在她俩进修道院不久,围绕哥白尼学说的尖锐斗争就开始了。

这里尤其要介绍伽利略的长女玛丽亚,她是修道院的药剂师,是一个被父亲称为"心灵高尚、特别善良的女人",对伽利略"有极其深情的依恋"。[1],p343 她与父亲的书信来往非常频繁,对父亲的关怀"无微不至"。她关注父亲的生活和工作情况,尤其是身体状况。她常帮助父亲缝补衣服,寄上一些食品和她特为其父配制的药品,有时还充当父亲的"秘书",帮父亲誊写重要的信件和书稿,从文献上摘录资料。伽利略也常给她写信,有时甚至一天一封,告知她自己的生活和工作情况,自己的愿望、痛苦和快乐。他也常要女儿告知在修道院需要什么东西,他可在罗马设法买回。有时他还会附上别人寄给他的赞扬他工作成果的信件,希望女儿和他共享这份快乐的心情。懂得父亲内心的女儿就会在复信中告知:"您自己可以想象得到,读了您寄给我的信后,我是多么地愉快!""我细心保存着您写给我的书信,一有空闲我就拿出来一读再读,这是我最大的快乐。"伽利略在罗马教廷受迫害期间,她常去信表示安慰和支持,字里行间充满了她坚信父亲的事业是正义的,他是无罪的。正是这些信件帮助伽利略在1633年与乌尔班和宗教法庭的对峙中渡过了难关。但可惜的是两人来往的众多书信仅存玛里亚致其父亲的120多封。伽利略给玛丽亚的信都未找到,可能是伽利略受审期间修道院担心受到牵连而将这些信销毁。《伽利略的女儿》一书的作者把这些信从意大利文译成英文。这些信和伽利略的手稿现一起珍藏在佛罗伦萨国家中央图书馆。

同样令人感动的是伽利略和他的朋友和学生之间的友情。在他的一生中,无论是他取得巨大科研成果的过程中,还是受到教廷残酷迫害期间,伽利略始终得到了朋友和学生的热情支持和切实帮助。

在他的朋友中有许多宗教界朋友,其中包括许多教徒以及一些地位很高的神职人员。他们都很崇拜和同情伽利略,对他的《对话》

表示赞同，认为伽利略是被冤枉的。正是红衣主教巴尔贝里尼的全力干预，教廷减轻了对受尽折磨的伽利略的判决，由在宗教法庭的地牢改在罗马使馆服刑。后来又被软禁到锡耶纳，由锡耶纳的大主教皮科洛米尼负责看管伽利略，不准外人接触和接见来访。锡耶纳位于佛罗伦萨之南不远，这位大主教喜欢接近新思想，也是伽利略的忠实朋友。正是在他的关心和照顾下，伽利略垮掉的身体和精神逐渐得到恢复，在劫难中获得重生，并又可以回到科学研究上来。

不久伽利略就在主教家开始撰写他一直想要写的《关于两门新科学的对话》，这本书在他心中已经酝酿了20多年。早在比萨大学他就开始写关于"运动"的论文。在帕多瓦的许多年中，他做了大量实验，包括斜面实验、摆锤运动，通过实验与数学相结合给出了摆动周期、惯性定律和自由落体定律等运动规律。这些工作为本书打下很好的基础。

伽利略受审期间他的一些朋友在他的住宅里销毁了可能使他受到连累的证据，并取走了他的一些手稿和笔记以免落入宗教裁判所的"敌人"之手。在上述两位大主教的再次帮助下，在锡耶纳过了五个月后，伽利略被同意回到佛罗伦萨的阿切特里自己的住处继续"软禁"。在阿切特里，他从朋友那里取回了这些饱含心血的珍贵资料，其中就包括写新书所需的有关运动研究的部分手稿。

伽利略的一些学生在他身受逆境时始终保持对他的敬仰。为维护老师的尊严，他们反对教会给伽利略定罪，认为这完全不公正。当宗教裁判所对伽利略的监视稍有放宽，他的学生又陆续回到他的身边，有的照料陪伴他，有的与他一起讨论感兴趣的科学问题，使他愉快地度过了晚年。

三、真理是永远不可战胜的

1633年底回到阿切特里家中时，69岁的伽利略已经年老背驼，他继续被"软禁"，仍被禁止接待任何来客、谈论地球运动，更不许出版任何东西，只允许去附近的女修道院看望两个女儿。不幸的是，他最亲密的女儿玛丽亚由于常为父亲担心和悲伤，身心备受折磨，以至于 1634 年 4 月她被病魔（急性痢疾）夺去生命，年仅 33 岁。这对伽利略又是一个沉重的打击。

坚强而不向命运屈服的伽利略，在 8 月份又开始埋头工作，重新打开《关于两门新科学的对话》未完成的手稿。尽管这时《对话》已遭禁，这本书不知是否会被允许出版，但执著追求真理的伽利略不会放弃他的努力。他决定要把自己从年轻开始长期积累的关于运动的许多发现和证明资料，仍旧通过《对话》中 3 个人物的嘴以对话形式讲出来。

就在伽利略潜心写作时，他的一些朋友也在帮他寻找出版商。最后，伽利略秘密地与荷兰的一家出版商签订了出版协议。在这个新教国家里，这位出版商不用担心罗马宗教法庭的管辖和报复。1937 年 6 月已经 72 岁高龄的伽利略完成了书稿。同年秋天在荷兰的莱顿开始了新书的印刷。

这本新作与先前被禁的《对话》一样是一本巨著，它汇集了伽利略在力学研究方面的实验、观察、发现和理论等全部成果。两门新科学中一门是论述与材料强度有关的问题；另一门是与力学运动有关问题的论述。全书对话也是 4 天：两门科学各用两天，后两天关于运动的论述更精彩、更重要。其中提出了加速度概念，用逻辑推理揭示了亚里士多德错误的落体运动观点，给出了正确的自由落体定律。通过理想实验，提出了惯性运动概念，发现了惯性定律。并且通过分析，提出了有深远意义的力学相对性原理。尤其是书中所描述的实验和数学相结合的科学研究方法，大大开阔了人们的眼界，为物理学研究开创了新的道路。牛顿正是这本书的最大受益者，伽利略正是牛顿所讲的"巨人"之一。

1638 年本书问世并且畅销。这时伽利略的右眼因患白内障和青光眼已经完全失明，左眼也受严重影响。到了这年冬天时左眼也完全失明。

1638 年年底，一位对数学非常有天赋对伽利略极为崇敬的 16 岁青年维维亚尼（1622—1703）被允许来到病弱不堪的伽利略身边，成为他的学生、助手，一直陪伴和照顾这位老人直至去世。两人一起度过一段快乐时光,伽利略把他看作自己的儿子,几乎无所不谈。1641年伽利略早年最喜欢的一位学生卡斯泰利(1578—1643),也被允许去阿切特里看望他的老师。而此前不久,卡斯泰利自己的学生,一位年轻的数学家托里拆利(1608—1647)也已先于他来到伽利略的身边。伽利略带病坚持与他们一起讨论科学问题。他曾在给托里拆利的信中讲:"我现在已残年将尽,我希望在我生命为数不多的日子里能够和你结识。我还可以和你一起讨论我以前对数学和物理学的一些见解,并请你把它们加以完善。"[1],p360

图1-7　佛罗伦萨圣克罗切教堂内的伽利略墓

伽利略于1642年1月8日一个寒冷的冬天里安静地离开人世,陪伴在他身边的有他的儿子温琴齐奥和他的学生维维亚尼、托里拆利。由于当时他被教会指责为异端,所以只能被安葬在一处偏僻的私人墓地里。直到1737年,已过世95年的伽利略的遗体才终于被同意迁至佛罗伦萨圣克罗切(又称"圣十字")教堂旁一个墓地的大理石棺中。在他旁边的是意大利伟大的艺术家米开朗基罗(1475—1564)的墓地。与米开朗基罗一样伽利略墓前也竖立了一座半身像,半身像的两旁有两尊塑像,分别是司职天文和几何的女神。伽利略右手拿着一只望远镜,左手放在地球和一叠书上。1737年3月12日的一个晚上,佛罗伦萨许多市民,其中有一大群知名人士,也有部分神职人员手执火炬和蜡烛,在圣克罗切教堂举行盛大集会。然后在长夜里完成迁葬,对伽利略的遗体进行了英雄式的礼拜。为了永久地纪念他,按迁葬规矩人们将他的右手中指取下。这根手指目前保存在佛罗伦萨科学历史博物馆,它被盛放在一个含有圆柱形石膏底座的容器中。

1757年伽利略去世115年后,教会做出决定解除对伽利略著作的禁令。1892年比萨大学在伽利略去世250年后授予他荣誉学位。1979年11月罗马教廷公开承认伽利略在17世纪所受到的教廷审判是不公正的。公元2000年3月,罗马教廷对教会在历史上所犯的错误进行忏悔。这充分表明"真理是永远不可战胜的"。

这就是伽利略,这位无限热爱真理、执著探索真理、勇敢捍卫真理的科学巨人的伟大而曲折的一生。

参考资料

[1] [美]达娃·素贝尔著,谢延光译. 伽利略的女儿. 上海:上海人民出版社,2005年.

[2] [俄]鲍·格·库兹涅佐夫著,陈太先译. 伽利略传. 北京:商务印书馆,2010年.

[3] 丛书编写组编. 大科学家的真实故事(牛顿,伽利略). 西安:未来出版社,2001年.

[4] [意]伽利略著,周煦良等译. 关于托勒密和哥白尼两大世界体系的对话. 北京:北京大学出版社,2006年.

[5] 韩锋. 自然科学的历程. 北京:北京大学出版社,2010年.

[6] 郭奕玲,沈慧君. 著名经典物理实验. 北京:北京科学技术出版社,1991年.

[7] [美]爱因斯坦著,许良英、王瑞智编. 走近爱因斯坦. 沈阳:辽宁教育出版社,2005年.

[8] 程帆. 名人名言(学生版). 长沙:湖南教育出版社,2011年.

[9] 张瑞琨等. 物理学研究方法与艺术. 上海:上海教育出版社,1995年.

[10] 王涵等. 名人名言录(第五版). 上海:上海人民出版社,2009年.

第 2 章
为寻求真理而忘我奋斗的牛顿

英国剑桥大学,牛顿自 1661 年至 1696 年间在剑桥大学三一学院就学和工作达 35 年,完成了巨著《自然哲学的数学原理》,创建了牛顿力学体系

想起他就要想起他的工作。因为像他这样一个人,只有把他的一生看作是为寻求永恒真理而斗争的舞台上的一幕,才能理解他。

爱因斯坦(为纪念牛顿诞生300周年的文章"爱萨克·牛顿")

自然和自然规律隐匿在黑暗之中,上帝说:让牛顿去吧!一切遂臻光明。

英国著名诗人蒲柏(A. Pope, 1688—1744)

第2章

为寻求真理而忘我奋斗的牛顿

1642年一颗巨星陨落(伽利略去世),而另一颗新星恰在同年冉冉升起——牛顿降生了。他是有史以来最伟大的科学家之一,他在物理学、数学、天文学等多学科做出了震惊世界的开创性成果,尤其是集先驱们的成果建立了完整的经典力学理论体系,把天地间万物运动规律统一在一起,这是人类最高思维能力和创造力的体现。同时,牛顿在自然哲学思想和科学研究方法方面也做出了创造性的贡献。他的科学思想、方法和研究成果为近代科学革命奠定了基础,也为世界航空、航天技术的发展开辟了道路,更是对人们的思想观念和思考问题的方式产生了深远的影响。

一个十几岁的孩子最早接触到的物理知识就是牛顿的力学知识,直到大学他将在书本和课堂上学习到牛顿在不同学科上的科学成果。可是,在牛顿一系列巨大的科学贡献面前,人们往往把他看作"神",似乎是上帝赋予了牛顿超人的天赋和才能,使他获得了一个个巨大的成功。在这里,我要告诉读者的是牛顿不是"神",而是一个普通的伟人。事实上,牛顿也没把他的巨大成功归功于超人的天赋,正如他自己所说:"靠的是不停的思考",也是"因为我站在巨人肩上"的缘故。

§2.1 探索大自然奥秘的兴趣,走上科学之路

一、大自然是一本打开的书

1642年圣诞节牛顿出生在英国伦敦不远的一个乡村——伍尔索普(Woolsthorpe)的一户农家,家境清贫。由于是早产儿,牛顿从小身体虚弱。他的父亲在他诞生前3个月就因病去世,他的母亲性格坚强、勤劳能干,带着小牛顿艰难度日。3年后因为生活所逼,母亲改嫁,3岁的牛顿由他的外祖母和舅舅艾斯库牧师(剑桥大学三一学院的毕业生)抚养和照顾。由于从小失去父亲,又得不到母爱,加

上家庭贫穷,牛顿逐渐养成了沉默寡言、内向孤独的性格,这也使他有更多的时间沉醉于对大自然的观察和思考。

爱因斯坦在牛顿著作《光学》第四版1931年重印本的序言中写道:"幸运的牛顿,快乐的科学的童年!谁要是有闲暇和宁静来读这本书,就会重新生活于伟大的牛顿在他青年时代所经历过的那些奇妙的事件当中。对于他,大自然是一本打开的书,一本他读起来毫不费力的书"。([1],p7;[7],p215)确实,牛顿从小就有一股强烈的探索大自然奥秘的兴趣和欲望。正是大自然赋予了他灵性与才智。在小学和中学期间,他不只喜爱观察大自然,还喜欢动手做小制作。9岁时,他就做了一个能测量时间的仪器——日晷。他在石盘的边缘标上刻度,在盘中心插上一根小木棒。放在太阳下时,从太阳在刻度上留下的木棒的影子位置就可知相应的时间。由于用这种日晷测时间的精度

> 书是死的,自然是活的。读书是间接求学,读自然书乃是直接的求学。只知道书,不知道自然的人,是书呆子。
>
> 中国地质学家、教育家李四光(1889—1971)([9],p61)
>
> **心语** 此名言取自李四光在北大任教时,针对"死读书"现象所发表的文章《读书与读自然书》。大自然将会给人以无限的遐想,给人以宽广的胸怀,给人以无穷的力量。

很差,中学阶段他在沙漏计时的启发下,利用箱子的木板制作了一个4英尺高的水漏时钟。其原理大致如下:将一个大箱子隔成上下两部分,成为两个水槽。上面水槽底部开一个小洞,打开此洞,上水槽中的水会慢慢从洞口滴到下面水槽中,其中有一块木块将随槽内水量增加而上浮。在浮板上装有一连杆,此杆与容器外的一个圆形钟盘(类似现代钟面)中心处的钟轴通过机械传动相连。随浮板上升,连杆将使钟轴转动,从而通过与钟轴相连的指针指示出相应的时间。牛顿的这个水漏时钟至今还陈列在博物馆里。除此以外,他还按书中图示制作了一个

图2-1 牛顿12岁时的肖像,它十分逼真地捕捉住少年牛顿沉思和脱俗的神态

磨坊的模型，里面还装了可以快速旋转的碾磨机，应用了齿轮、转轮、杠杆等物理原理。他的精巧手工得到周围邻居和学校师生的赞赏，也为他后来在实验方面取得重大成果打下良好基础。[1],p8;[2],p12

二、兴趣广泛，爱读书、爱记笔记

6岁开始上学的牛顿，在学校里起初成绩并不好，加上身体瘦弱、性格内向，常受同学冷淡和欺侮。但是他像母亲一样性格倔强，有时会握紧拳头进行反抗。尤其是聪明的小牛顿，意识到只要成绩好，同学和老师就不会小瞧他。在强烈的上进心的推动下，他上课集中精力，课后认真完成作业，有时一道数学题要想出几种解法才肯罢休。休假日也常用来补课。渐渐他的成绩上去了，在班上名列前茅，得到同学的尊敬和老师的喜欢。

小学毕业，牛顿进入了离伍尔索普10千米远的格兰瑟姆中学，并寄宿在母亲的好友、药剂师克拉克先生家的顶楼，得到克拉克夫妇的关心。值得一提的是牛顿进入中学也不忘把他的锤子、锯子、刨刀、绘画颜料等制作工具——装进口袋，带到格兰瑟姆克拉克先生的家中，前面讲的水漏时钟、磨坊模型等都是在这里制作的。

兴趣是最好的导师，兴趣是科学探索的动力。对探索大自然有广泛兴趣的牛顿，就逐渐爱上了读书。从上中学起，他就把读书学习看作一种乐趣，一种有价值的追求。并且逐步养成把观察到的、听到的有兴趣的问题，以及在所读书本中值得进一步思考和探索的内容记在笔记本中的良好习惯。这也是牛顿长期来积累知识、留下自己学习心得、列出新的研究课题以及记下重要计算的方法。他甚至还自创了一些速记符号，使抄写既快而又省纸。平时他总是省下母亲给他的零用钱来买书和笔记本。

在牛顿14岁那年，继父病故，母亲带着与继父所生的两个妹妹和一个弟弟回到了伍尔索普的娘家。读中学的牛顿表面孤独，内心实际也需要亲情，他很快与弟妹关系融洽，一到周末学校放假就盼望早点回家。1659年的秋天，因为母亲体弱多病，不堪沉重的家庭负担，16岁的牛顿毅然决定辍学，回家帮助妈妈干农活养活全家，他带

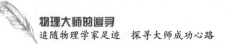

着心爱的书和制作工具又回到了家乡当一个农民。

三、辍学期间,不忘读书和思考

痴迷科学的牛顿对大量农活实在没兴趣,但他还是努力去做。可是热衷读书和思考问题的牛顿常在干活时闹出笑话。有一次,牛顿一边牵着马,一边思考问题。当他回过神来时,发现手里拿着的竟是一截空绳,还好脱掉缰绳的马自己跑回了马厩。又一次,放羊的牛顿,由于躺在草地上专心致志地读书而忘记了一切,羊群四处跑散,他也全然不知。正巧,他舅舅艾斯库从那里经过,看到此景训斥了牛顿。当牛顿赶紧丢下书本去追赶跑散的羊群时,艾斯库拿起草地上那本厚厚的书,发现竟是一本高深的数学书。舅舅被牛顿这种刻苦学习、热爱科学的精神深深打动,思考再三,认为他的这个外甥不应是一个普通农民。于是,他说服了牛顿的母亲,决定送牛顿读完中学并继续深造。1660年秋天,牛顿复学。不负众望的牛顿复学不到一年,就以优秀的成绩中学毕业,他的母亲和舅舅非常高兴地参加了毕业典礼。校长史托克在毕业典礼上称赞牛顿是"最使学校感到自豪的学生。"不久,校长史托克就保荐牛顿到剑桥大学三一学院继续学业。

§2.2　大学四年和最富创造力的庄园避瘟时期

一、《三一学院笔记》

1661年6月牛顿带着行李来到创建于1209年的英国古老且最负盛名的充满浓郁文化气息的剑桥大学。他就读于该校的三一学院。该院成立于1546年,"三一"是"圣文、圣子、圣灵"三位一体基督教教义的简称。牛顿以减费生的低微身份进入学院,除读书学习外在课余还要做一些勤杂服务工作。他的行李极简单,但他不忘带上厚厚的笔记本和一堆制作工具。大学期间他常常独自一人一如既往地勤奋读书、思考,阅读和研究大量关于自然哲学、数学、天文学和光学方面的书籍。不到两年时间牛顿已在他的笔记上记下了古希腊杰出哲学家和思想家亚里士多德的许多学术观点。正如第1章中所介绍的,由于亚里士多德的不少观点与《圣经》不谋而合,因此被教会捧为"圣人"加以竭力吹捧。不仅在伽利略时代,牛顿当时大学的学习同样受亚里士多德思想的影响很大。除了亚里士多德的著作,牛顿还拜读了法国哲学家、数学家笛卡儿的《几何学》和《哲学原理》,意大利科学家伽利略的《关于两门新科学的对话》、天文学家开普勒的《光学》等著作。其中伽利略敢于公开挑战亚里士多德的学说更是对牛顿起了重要影响。与这位科学巨人一样,牛顿同样不迷信权威、敢于追求真理,在他的笔记中记下了亚里士多德的名言:"我爱我师,但我更爱真理。"[1],p16

牛顿喜欢对读过的内容进行深入思考,然后归纳出一系列他感兴趣的、打算深入探索的问题,列入他雄心勃勃的研究计划之中,其中不乏是有关数学、物理、天文、化学等问题。在笔记中还包括大量的分析、计算和心得。这就是牛顿著名的《三一学院笔记》,至今仍保存在三一学院。

图2-2 剑桥大学三一学院

二、遇伯乐巴罗教授

在牛顿的科学生涯中有一个至关重要的科学引路人,他就是剑桥著名的巴罗(I. Barrow,1630—1677)教授,他才华横溢、治学严谨,尤其在数学和光学方面有很高造诣。他是剑桥最具影响力的课程——"卢卡斯数学讲座"的首任教授。通过此讲座牛顿大大增强了对数学的兴趣,而牛顿对于数学的非同寻常的天赋和研究潜力也给巴罗留下深刻印象。渐渐地这位比牛顿大 12 岁的老师与牛顿建立了密切的师生关系,在巴罗的悉心培养和指导下,牛顿很快掌握了当时数学和物理学的前沿知识。巴罗教授还指导牛顿做光学实验,自制实验装置,包括自己动手打磨实验用的透镜等。在大学高年级时,牛顿就对光学实验,尤其是对光和颜色的本性的实验研究很感兴趣。平时,巴罗教授还常提醒牛顿治学要严谨,告诫他有些被人们一直认为是理所当然的事不一定都是正确的,就是因为缺乏认真的论证。[2],p22 这对牛顿影响很深,在他后来的各种实验和理论研究中,十分重视严密的论证,总要使他的研究成果具有充分的说服力,不轻易发表论文。

1664 年,牛顿通过考试被选为巴罗教授的助手,同时又被评为"优等生",所获奖学金足以支付各种学习费用,这使牛顿不必做额外的服务性工作,有更多时间进行学习和研究。1665 年 4 月牛顿以优异成绩大学毕业,获学士学位,并获准继续留在学院作为一名研究生攻读硕士学位。[2],p25

三、创造力的涌现

1665 年 8 月,一场瘟疫(鼠疫)波及剑桥,学校被迫停课,牛顿也被迫回到家乡伍尔索普躲避,直到 1667 年初大学复学。24 岁的牛顿在这大约 18 个月的静思期间,悟出了许多道理,各种创新思想犹如泉水般涌现,取得了几个重大的发现和发明。正如在剑桥大学保存的牛顿于 1714 年所写的回忆录中所述,"在那段日子里,我正处于创造发明的黄金时期。后来,我再也没有

> 提出一个问题往往比解决一个问题更重要,因为解决问题也许仅仅是一个数学上或实验上的技能而已。而提出新的问题、新的可能性,从新的角度去看旧的问题,却需要有创造性的想象力,而且标志着科学的真正进步。
> 爱因斯坦(1879—1955)[10],p66
> **心语** 科学的不断发展就是始于科学问题的提出,终于问题解决的过程。青年人要敢于想象,敢于提问。没有问题,就没有创造。

像当时那样专注于数学和哲学。"[1],p39 这一时期牛顿继续保持他的边读书边写笔记的好习惯,继父过世留给他的一本约一千页的空白笔记本上又被密密麻麻记上了读书心得和要深入思考和研究的问题,他将这本笔记起名为《杂录》,这本《杂录》就成为牛顿在这段时期的研究记录。在乡下这段时期他的重大研究成果包括微积分、万有引力和光的色散三个方面,下面作简单介绍。

1. 微积分的发明

早在两千年前,古希腊哲学家赫拉克利特就说:"所有的量都在变化,没有静止,没有永恒,只有变化。"[1],p31 但长期来只停留在观察层面,而无法对变化进行定量分析和计算。到了伽利略时,他创立了落体定律、描述了抛物体运动规律。并且将力与物体运动加速度(即速度的变化)联系起来,将力引入到运动中,有了动力学的萌芽。到了牛顿时代,运动学和动力学研究获得了深入发展,这时,常量数学就不够用,迫切需要用变量数学来定量描述物体的运动变化。当时有两位数学家的工作对牛顿产生了重大影响。一是法国哲学家、数学家笛卡儿的《几何学》,他首先将变量代数与欧几里得几何结合起来,即将各种几何曲线用代数方程表示出来(称之为解析几何)。所谓"方程"就是描述量与量之间的变化关系式。二是英国数学家、物理学家沃里斯(J. Wallis, 1616—1703)的《无穷算术》,他率先对无穷数列、级数和极限开展研究。在他们的工作基础上,数学和物理都见长的牛顿,经过艰苦思索,首先发明了微积分,当时他称为流数法。在流数法中,正流数正是现在的微分运算,反流数是现在的积分运算。微积分是一门新的数学学科,它的创立,不仅是数学发展史上的一场革命,为高等数学的建立奠定了基础;并且过去用常量数学难以解决的一些运动问题的描述利用微积分就可迎刃而解。例如变速运动中的瞬时速度的计算就涉及微分运算,又如一个随距离变化的力(如弹性力)对物体所作功的计算就涉及积分运算。从此,力学和天文学等得到了迅速发展。

但是一向处事谨慎、力求不断改进和完善的牛顿并没及时公开发表他的有关流数法的论文。牛顿的这一做法,引起了后来发生的一场关于微积分发明权的争论。因为德国数学家莱布尼兹在1684年,早于牛顿公开发表了他研究得到的微积分法,并声称他是第一发明者。事实上,在剑桥大学图书馆的牛顿档案中,在一份注明日期为1665年5月20日的手稿中,牛顿确实已经提出了他的流数法思想。而他真正公开发表他的流数法计算是在1687年出版的《原理》第二卷中。这场争论直到两人去世还持续了很长时间,最终以承认牛顿和莱布尼兹先后独立发明,且各自独立做出相应贡献而告终。

2. 引力平方反比定律的发现

这是牛顿后来用约20年时间才研究成熟的震惊世界的万有引力定律的雏形。

早在牛顿之前,开普勒就认为行星绕太阳运动是因为太阳对行星有吸引力的结果,并且设想太阳是一个巨大的磁石,各个行星也是磁石,相互吸引。他是将物理学与天文学结合起来研究的第一人,可惜他却没想到"万有引力"。牛顿完全相信开普勒提出的天体间有引力的假设,但他并不认为是磁体间的作用。从地球上的苹果和其他物体的落地,使牛顿悟出这是地球的无形引力的作用。但是引起牛顿深入思考的问题确是:月亮为什么总是绕地球旋转而不掉下来?富有创造性的牛顿在别人只看到地上和天上运动不一样时,他却看到它们的相似性,要把对天上和地上运动的描写统一在一起。这种统一思想正来源于牛顿继承古希腊先辈们所提出的自然界是简单、和谐、具有统一性的自然哲学思想。牛顿在科学研究上取得巨大成就是与他自觉运用科学的思维方法分不开的。牛顿继承和发展了古希腊的自然哲学思想,站在自然哲学的高度来审视具体科学问题,在许多领域提出了一系列开创性的科学思想,推动了近代科学的迅速发展*。

正是在自然哲学思想指导下,牛顿假定可将地球对物体的吸引力引伸到月球,并借助于伽利略提出的理想实验,找到月球绕地球运

---

* 对牛顿的自然哲学思想有兴趣的读者,可参考塞耶编、王福山等译的《牛顿自然哲学著作选》(上海译文出版社2001年出版)。

动的原因。牛顿的理想实验可见图2-3,他假想在高山顶上有一门大炮沿水平方向发出炮弹,初速为 v_0。当速度较小时,由于地球引力,它都落在地面 A, B 等处。当 v_0 增大到某一临界速度 v_1 时,炮弹将沿一圆轨道绕地球运动,成为"小月亮",如图中 C 所示。而当 v_0 再继续增大时,炮弹轨道便变为偏心率越来越大的椭圆,如图中 D 所示。当 v_0 增大到第二个临界值 v_2 时,炮弹将脱离地球引力而一去不复返,如图中 E 所示。后面§2.5中将对 v_1 和 v_2 这两个临界值作进一步说明。由此理想实验可见,由于月球在最初形成时有足够大的初速,加上地球对它有引力作用,使月球一方面向地球下坠,另一方面又沿水平方向飞出,两种运动最终合成了月球绕地球的旋转运动(见图2-4)。在此基础上,牛顿很自然地将对月球的运动的分析,推广到整个太阳系中行星绕太阳的旋转运动。

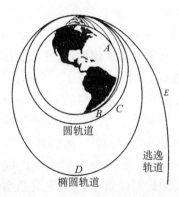

图2-3 牛顿关于抛体运动的理想实验

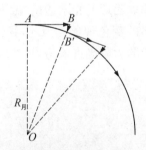

图2-4 月亮旋转是沿水平方向运动与垂直下落的完成

牛顿并不满足上述的定性讨论,1666年他尝试用数学形式来表述宇宙间的这种引力。他认为引力的表现形式与绳子拉小球,使小球做圆运动时所需的拉力(又称向心力)相似。于是,牛顿将开普勒的第三定律与牛顿力学第二定律和第三定律结合起来,发现地球对月球的引力或者太阳对行星的引力都与它们间的距离的平方成反比,这就是著名的平方反比定律。但是在当时,这种平方反比定律只是在行星作圆轨道运动时得到了数学论证。对于绕太阳作椭圆轨道运动的行星与太阳间的引力是否还满足平方反比关系呢？换句话说，根据这个平方反比定律能否证明行星可以按椭圆轨道运动（即开普勒第一定律）？对这个问题的研究是牛顿返回剑桥后的工作，留待后面再介绍。

3. 光的色散是牛顿的又一个重大发现

对光的研究最早是围绕光的折射和颜色现象展开的，这是受到天文学和大气现象研究的推动。在天文观测中总是受到大气折射的影响。在大气现象中，尤其是彩虹中为什么包含多种颜色的问题长期困惑着科学家。按亚里士多德的观点，颜色是黑暗与光明按不同比例混合的结果。另外色散研究也是制造高质量光学仪器的需要。在大学期间已经做过一些光学实验的牛顿回乡时带回了许多实验器材，尤其是玻璃棱镜、凹镜片、凸镜片等光学器材。在乡下他完成了漂亮的色散实验。在1672年发表的论文"关于光和色的新理论"中，他详细记载了当时的棱镜实验："我在1666年初（那时我正在磨制一些非球面形的光学透镜）做了一个三角形的玻璃棱镜，以便试验那些著名的颜色现象。为此，我让房间变暗，在窗板上开了一个小孔，让适度的太阳光进入房内，然后我把棱镜置于光的入口处，使光由此折射到对面墙上，我看到那里产生的那些鲜艳、浓烈的颜色，颇感兴趣。"（见图2-5）这是因为不同颜色的光有不同的折射性质，其中紫色光折射最大，红色光最不易折射。牛顿又在色散光中选出某种颜色光，让它再继续通过三棱镜，结果仍是这种颜色光被折射出来。由此，牛顿得出结论：白色光本身是没有的，它是由7种单纯颜色（红、橙、黄、绿、蓝、青、紫）的光混合而成；把几种（不是全部）不同的单色光混合起来，可产生新的颜色。

图2-5 牛顿用三棱镜进行色散实验

牛顿的棱镜实验不仅为颜色理

论奠定了基础,而且为日后在化学、材料科学、近代物理等研究中有重要应用的光谱学的研究和发展开辟了道路。这一实验被英国的《物理学世界》杂志评为历史上十大最美丽的实验之一。由于牛顿一贯的谨慎作风,这项成果直到1672年1月牛顿当选伦敦皇家学会(相当于英国科学院)会员后,在2月才向皇家学会提交了日光七色光谱和反射式望远镜的论文,得到了当时包括惠更斯在内的许多科学家的赞赏和肯定。

§2.3 重返剑桥和两本巨著的出版

一、巴罗推荐,牛顿继任"卢卡斯数学讲座"教授

1667年初鼠疫风波基本平息,大学复课,牛顿重返剑桥。虽然他在乡下期间的重大发明和发现还没公开发表,但他勤奋刻苦的治学精神以及他过人的才华,加上巴罗教授的赏识和支持,他还是得到校方赞许,1667年10月被任命为主修课研究员。次年又获硕士学位。

这段时间牛顿与巴罗教授的关系也更加密切。他与巴罗合作继续他在数学领域的研究。有一天,巴罗向他推荐了一本由丹麦数学家尼古拉·麦卡托写的《对数术》,其中涉及少量无穷级数的内容。这对牛顿触动很大,因为牛顿对无穷级数有过深入研究,麦卡托所写内容只是他研究中的几个特例而已。于是他就向巴罗透露了自己更多的研究成果。在巴罗的鼓励下,他用拉丁文写了一篇"对无穷级数的分析"的论文,并同意巴罗向皇家学会会员、英国数学家约翰·柯林斯(J. Collins,1624—1683)推荐,但他表明不要透露自己的姓名。当牛顿得知柯林斯很赏识他的论文后,他才同意巴罗把自己介绍给柯林斯,并与他建立了联系,且同样要求柯林斯不要公开他的名字。可是,牛顿的论文还是以手抄本形式慢慢从剑桥传到欧洲其他地方的一些数学家手中,学术影响也逐渐遍及整个欧洲。

1669年巴罗让牛顿帮他修改他所写的《光学讲义》。对牛顿的

修改,巴罗大加称赞:"修订完全正确,这正是我想要的。"[1],p52] 1669年底巴罗深感牛顿在数学、力学、光学等方面的学识已超过自己,于是他毅然做出一个令人钦佩的决定:推荐年仅27岁的弟子牛顿继任他做第二任"卢卡斯数学讲座教授"。巴罗正直善良,胸襟开阔,善于培养青年人,深得牛顿及后人对他的敬仰。巴罗与牛顿是科学史上伯乐与千里马故事的又一典范。

二、注重实际,反射式望远镜的发明

回剑桥不久,一向注重实际应用的牛顿想改进折射望远镜,制作反射式望远镜。因为当时使用的通过球面透镜组合的折射望远镜,球面透镜的边缘部分可看作棱镜,当白光经过会产生色散、造成色像差,使图像变模糊,且透镜越大,图像越模糊。在牛顿前也有人想过要制作反射式望远镜,但都因为工匠无法加工出高质量的反射镜而告失败,这可难不倒动手能力很强的牛顿。他曾围绕炼金术花了大量时间做化学实验,在此基础上他制成锡铜合金。他又自己设计制造研磨抛光机,将合金表面打磨得光滑如镜,作为凹面反射镜。1668年牛顿制成光学史上第一架反射式望远镜,新望远镜的体积小,只有6英寸长,半径也只有1英寸,而放大倍数竟可达40倍,且图像清晰,完全可与当时伦敦最好的折射望远镜相媲美。要达到同样倍数的折射望远镜体积大很多,长度要比牛顿的这架长10倍,达6英尺。很快,反射式望远镜成为天文学家常用的光学望远镜。

图2-6 历史上第一台反射式望远镜,现保存于伦敦科学博物馆中

牛顿怀着异常激动的心情,将此消息告诉巴罗教授。1671年巴罗将牛顿制作的又一架功效更高的望远镜带到伦敦,在皇家学会的科学家聚会上进行演示,好评如潮。很

快于 1672 年 1 月牛顿就被选为皇家学会会员,此时的牛顿还不满 30 岁。1781 年 3 月 13 日,英国的一名天文爱好者威廉·赫歇尔（1738—1822）正是利用根据反射式望远镜原理制作的天文望远镜,发现了太阳系的第七颗大行星——天王星。

> 业精于勤,荒于嬉;行成于思,毁于随。
> 中国唐代文学家、哲学家韩愈（768—824）[11]p67 *
> **心语** 青年朋友们,青春是宝贵的,青春是美妙的,青春是充满活力的,让我们抓住生命中最美好的这段时间,为实现你的梦想而努力,去奋斗。

三、哈雷帮助出版巨著《原理》

首先让我们介绍有关"咖啡馆中的赌注"这个小故事。1684 年 1 月的一个下午,3 位英国皇家学会成员:天文学家胡克（R. Hooke,1635—1703）、建筑师和数学家雷恩（C. Wren,1632—1723）和天文学家哈雷（E. Halley,1656—1742）相约来到皇家学会附近的一家咖啡馆进行有关行星运动的讨论（当时每周三下午都有一些学者来此进行自由讨论）。三人一致认为行星受太阳的引力与距离的平方成反比,但当时哈雷提出:他无法证明开普勒第一定律,即在平方反比定律下行星围绕太阳运行的轨道竟是一个椭圆。胡克则声称他曾证明过,但需要保密一段时间,这样在他公开发表时,尝试过但失败过的人才知道应该如何评价这一工作。对此,哈雷和雷恩半信半疑,因为他们知道胡克并不擅长数学。雷恩为了鼓励研究,说他愿意给哈雷或胡克两个月时间,两个人谁能先拿出上述问题的证明,谁就将得到一本价值 40 先令的赠书。这就是哈雷对三人聚会的描述。[1]p99;[2]p67

几个月过去了,3 位学者没人能拿出答案。1684 年 8 月哈雷想到去剑桥找牛顿。哈雷直截了当地问牛顿:假设一个遵循平方反比定律的吸引力向着太阳,那么行星将作什么样的曲线运动？牛顿立刻回答他,应该是作椭圆形曲线运动。听后非常高兴的哈雷又追问:为什么呢？牛顿表示曾作过相关的研究和计算,他答应哈雷将重新

---

* 晚年韩愈在京都最高学府国子监任教授官,此治学名言取自《进学解》。

计算，并把结果寄给哈雷。这一年的11月，哈雷果然收到牛顿的一篇短小但却出众的论文"论轨道上的物体的运动"。这篇文章回答了哈雷的问题，用数学严格证明了开普勒第一定律，还提出了引力不仅仅为太阳专有、在任何星体中都存在（它们的卫星也作椭圆运动）的"万有引力"思想。所以此文应该是开普勒行星运动三定律及其他天文观察的理论基础。哈雷阅读后既喜悦又惊奇，深感此论文具有划时代价值。哈雷很快再次来到剑桥，专程来劝说和敦促牛顿把这篇论文扩充为专著公开发表。一开始牛顿表示反对，但深知牛顿审慎、内敛性格的哈雷早有考虑，牛顿最终被哈雷的热心和诚恳所感动，撰写出版了不朽的科学巨著《自然哲学的数学原理》（简称《原理》）。

自1685年初牛顿专心写作，1686年4月完成《原理》的第一卷，第二卷的大部分内容也已写就。但第一卷原稿送到皇家学会，皇家学会虽同意出版，但没有财力资助。经济并不富裕的哈雷果断拿出自己的全部积蓄来负担《原理》的出版费用，并且帮助牛顿制作图表，负责全书的编辑和校对。1687年7月5日《原理》三卷正式出版。在《原理》的序言中，牛顿对哈雷的全力支持深表感谢，"埃得蒙德·哈雷先生是最机敏渊博的学者，他在本书出版中不仅帮助我校正排版错误和制备几何图形，而且正是由于他的推动本书才得以出版。"哈雷对《原理》的评价是："千秋万代将赞美这本著作。"[2],p73

在《原理》一书中，牛顿总结和整理了他20多年的研究工作，并对许多工作重新作了论证和归纳。在详尽论证的基础上，全书介绍了牛顿力学的全部内容（力学三定律和万有引力定律）；介绍了发明的"流数法"；介绍了用上述经过充分论证的力学定律对自然界的一切现象（小至光的微粒运动，大到宇宙中的天体运动，以及对在真空中和在有阻力的介质中的物体运动）所作的详尽描述，建立了一个完整而宏大的力学体系；还不乏介绍了他的自然哲学思想和科学研究方法。所以，《原理》不仅为近代科学的进一步发展打下了坚实的基础，而且使人类思考问题的方式发生了深刻的改变。1713年牛顿在学生科茨的帮助下修订出版《原理》第二版，1726年已患重病的84岁的牛顿在医生关心下再次推出内容更丰富的第三版。《原理》的问世

堪称科学史上的里程碑,震惊了整个科学界,牛顿因此被后人誉为人类历史上最伟大的科学家和思想家之一。

这里也应提及下,牛顿本人信奉上帝,但他是自然神论者,自然神论认为宇宙在上帝创世后便按自然规律发展下去。在牛顿看来,只要科学实验能揭示和科学推理(或演绎)能论证的事情,都不必上帝干预。可见牛顿对科学从宗教中分离起了重要作用,为此他受到教会的猛烈攻击。[3],p183

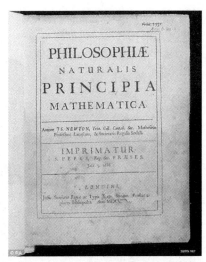

图2-7 巨著《自然哲学的数学原理》(封面)

四、毅力坚强,又一巨著《光学》出版

《原理》出版后不久,1689年6月牛顿的母亲汉娜因病去世,这对他打击很大。回想起母亲一生悲苦,而自己一心扑在科学事业上未能很好照料母亲的生活,他的内心痛悔之极,以至于相当长一段时间都沉浸在悲伤之中。

1692年实验室失火,牛顿《光学》和《化学》的手稿付之一炬,其中《光学》手稿牛顿从1672年着手准备直到1689年已基本完成,这又是一次沉重的打击。再加上当时《原理》出版后遭到宗教界及其卫道士们的攻击,性格孤独、处世谨小慎微的牛顿在50岁时承受了很大压力,加上过度劳累,精神开始崩溃,神经衰弱,吃不好、睡不好,甚至思维有些混乱,一年多无法正常工作。当他身体稍有好转便开始着手重写《光学》,与此同时,牛顿逐渐产生换个工作环境的想法。

1696年3月牛顿在剑桥的老同事和好友蒙塔格(C. Montague,1661~1715)推荐下,出任"皇家造币局监督"一职。当时英国正处在改革币制的重要阶段,那时的牛顿也有为王室效力的愿望,加上他有多年研究炼金术打下的基础,对冶金也较熟悉,所以最终他决定放弃已学习、工作35年的剑桥大学生活,到伦敦定居、出任新职。用了两年多时间,牛顿便出色完成了全国货币的重铸更新,1699年被提升为造币局局长。

《原理》正确和巨大的科学价值在实践中不断被验证,在世界范围不断被广泛传播,1703年11月30日牛顿当选为皇家学会主席,一直到他临终,长达24年。

在这期间牛顿凭借他坚强的毅力完成了《光学》的重写,可惜《化学》手稿始终未能重写。1703年与牛顿在光学理论上长期有争论的"对手"胡克去世,1704年牛顿出版了他的又一部英文写就的巨著《光学》。《光学》一书的全名是《光学或光的反射、折射弯曲与颜色的论述》。对这部巨著的主要科学价值,我们可用200年后爱因斯坦为新版《光学》所作序中的一段话来加以概括:"他把实验家、理论家和机械师兼于一身,并在相当程度上有展览中的艺术家的成分。站在我面前的他是刚强、坚定和孤独的,他在创造中的乐趣和他的精细入微,从书中每一句话和每一个图形中明显地表现出来。反射、折射、透镜成像、眼的作用方式、各种光的光谱分解和重新合成、反射望远镜的发明、颜色理论的初步基础、虹的初等理论,一个接一个地在我们面前展现,最后来到的是他对薄膜颜色的观察,这正是要等到100多年后由托马斯·杨来获得的下一个伟大理论的起源。"[4],p57

1705年牛顿被英国安妮女皇封为爵士,是首位爵士科学家。1722年,80岁高龄的牛顿患上严重的疾病。1727年2月28日,牛

图2-8 剑桥大学三一学院门厅的牛顿大理石雕像,他身穿大学校服、手持三棱镜,沉思中凝神注视远方

顿来到英国皇家学会主持了他在皇家学会的最后一次会议。3月20日这是一个星期天的清晨,85岁的牛顿在睡梦中安然走完一个科学巨人的伟大一生。作为国家荣誉的象征,英国政府为牛顿举行了隆重的国葬。牛顿作为第一个学者,他的遗体被安葬在伦敦的威斯敏斯特大教堂,这里历来是英国皇室成员及国家元勋的安息之地。

§2.4 牛顿成功的秘诀

通过前面的介绍,可以看到牛顿取得如此重大的科研成果,这与他与生俱来的探索大自然奥秘的浓厚兴趣,与他自小喜欢动手制作的乐趣,与他爱读书、爱记笔记的良好习惯,与他不迷信权威、敢于创新的精神,与导师巴罗的培养,以及与朋友的支持和帮助等因素密切相关。接下来将对他取得巨大成功的4个要素——刻苦勤奋、不停思考、站在巨人肩上和成功的研究方法作进一步介绍,尤其让我们聆听一下这位科学巨人自己讲述成功的秘诀,以及他的助手对他学习和工作的真实描写。

一、勤奋刻苦,博学多才

我国著名数学家华罗庚总结自己在科研道路上取得的成功时,有一句名言:"聪明在于学习,天才由于积累。"[8],p334 这句话用在牛顿身上非常贴切。牛顿在给好友哈雷的信中说*,"一个数学家应该是专心致志、孜孜不倦地进行枯燥的演算和艰苦卓绝的工作,而不是虚伪地攫取并非自己创造的成果。"[1],p104 牛顿就是这样的人,他的勤奋已达到对科学的如痴如醉,他专心致志到废寝忘食、常常记不清自己是否吃过饭。晚上经常学习和工作到深夜两三点钟,和衣而睡一会儿又起来开始新的工作。

他的助手汉弗莱·牛顿(Humphrey Newton)回忆道:"牛顿30

---

* 这是牛顿针对胡克与他争夺"平方反比定律"的发现权时写给哈雷的信。

多岁时头发就已经花白了,散落在肩膀上,常常是蓬乱的。他显得很消瘦,脸长得像马脸,鼻子大大的,眼睛向外突起。他几乎整天都待在屋子里,茶饭不思,在烛光下工作。"[1],p80 当时三一学院的同事们对他的这种治学精神表示敬佩,且早就学会不去打扰、影响他工作。

二、不停思考,专注研究

牛顿晚年时,人们问他如何得到万有引力定律,他的回答是"靠的是对它不停地思考。"[5],p14 在牛顿看来,"真理是沉默和冥想的产物。"[1],p24 少年时的牛顿就喜欢沉思,且非常专注。工作以后

> 发白才知智叟呆,埋头苦干向未来;勤能补拙是良训,一分辛苦一分才。
> 　　　　中国数学家华罗庚(1910—1985)[8],p297
> **心语** 一个人的天赋、家庭的教育和客观环境对个人的成才固然重要,但是个人的努力奋斗更为重要,将起决定作用。"一分辛苦一分才"正是科学大师们所共同走过道路的真实写照。

更是有过之而不及,常常因突然思考起某个问题就忘记了曾经想做什么,闹出不少笑话。例如,有一天他明明从房间出来要去餐厅吃饭,走着走着转错了弯、走到大街上,而且忘记了为什么要出来,于是没有吃饭又返回房间。还有一次,牛顿的一位老朋友来看他,他想要好好招待这位来客,准备留客人用餐。当客人入了席,他想去取一瓶上好的葡萄酒,于是他请朋友等一会儿。可是半路上脑子里突然闪过一个念头,他情不自禁走进他屋旁搭建的实验室,这一进去就忘了出来,客人只能自己吃了饭后离开了。

牛顿总是喜欢不断学习、不断为自己提出问题,逼着自己去思考、寻求答案。他寻找答案时不是急于求成,而是要满意为止。他说:"我把课题始终摆在自己面前,等待第一缕曙光缓缓地出现,一点一点,直到光明出现在我面前。"[1],p26 牛顿的大量手稿、笔记就这样一天天积累起来。不断学习、不断思考、不断提问、不断实验、不断计算和不断论证,牛顿花上几十年功夫,最后总结写成流芳百世的巨著,真可谓"聪明来自勤奋,天才来自积累"。

三、站在巨人肩上,看得更远

牛顿有两句名言,一句是"如果我比别人看得远些,那是因为我站在巨人的肩上"。[1],p78 这是牛顿在1676年2月5日给胡克的一封关于光学理论讨论的回信中所写。"站在巨人肩上"这一表达不是牛顿独创,是当时的一种习惯讲法,表示讲话人谦虚谨慎,也表示科学大厦的建立是许多人共同努力的结果。[1],p180 从牛顿如饥如渴地认真学习前人工作,并从中吸取精华的治学态度,可见他讲此话是他内心的写照。对牛顿而言,这些巨人正是他笔记中时常出现的对他有重要影响的前辈——哥白尼、欧几里德、伽利略、开普勒、惠更斯、笛卡儿等人,当然还有恩师巴罗。牛顿的成果,也可以说是千百年来集体智慧的结晶。

牛顿的另一句名言是他去世前不久跟一位友人回顾自己的一生时所说的:"我不知道世人怎样看待我,但在我看来,我不过是像一个在海边玩耍的孩子,为时而发现一块比平时更光滑的石子或美丽的贝壳而感到高兴;但那浩瀚的真理之海洋,却还在我的面前未曾被发现。"[1],前言p4 在这里,为真理忘我奋斗了一生的牛顿,一方面表达了他对成功的喜悦,另一方面表达了他并不满足已取得的成果,而是认识到人们对真理的探索永无止境,这也是他发自内心,鼓励和希望后人能继承前人工作、为探索真理而奋斗。

四、正确的科学方法是通向成功之路

科学发现是一种富有探索性和创造性的活动,它与正确的科学研究方法密切有关。伽利略开创了"实验研究"方法,牛顿开创了"归纳—演绎法"这一成功的科学方法。它在《原理》一书中,贯穿始终。

在《原理》一书的序言中,牛顿一开始便说:"我把这部著作叫做自然哲学的数学原理,因为哲学的全部困难在于由各种运动现象去研究各种自然之力,而后用这些力去推演其他的现象。"牛顿在这里不仅讲了研究目的,而且还讲了他的研究方法,即归纳—演绎法。从"各种运动现象去研究各种自然之力"是指归纳法;"用这些力去推演

其他的现象"是指演绎法。在《原理》中"自然之力"主要指重力,另外还指浮力、弹力、流体阻力等。具体而言归纳法是指牛顿从观察到的物体(小到微粒,大到天体)的各种特殊的运动现象,研究各种力(尤其重力)与运动的关系,归纳出普适的一般规律(即《原理》中的力学三定律和万有引力定律)。可见归纳是从"特殊到一般"的过程。演绎法是指利用得到的一般规律(即用这些力学定律)去更广泛推演(也可说是预言)各种物体的其他特殊运动现象。所以演绎是指从"一般到特殊"的过程。当然这种预言的新现象必须要以实践来加以验证。

在牛顿之前,归纳和演绎两种方法常常被人们对立起来。归纳法的代表人物是英国著名哲学家弗兰西斯·培根(F. Bacon,1561—1626),他片面强调实验事实对科学的极端重要,认为只有实验才能使自然事物充分暴露其隐蔽的一面,澄清其因果关系,并逐步引导到"普遍公理"。这种想法缺陷明显,因为穷尽所有实验是不可能的。相反笛卡儿片面强调演绎法,强调理性思维。他认为基于一些普遍公认的基本原理,利用数学方法,可把自然界的一切规律推演出来,得到可靠的知识。显然这也是不可能的。

牛顿在科学方法上的重大贡献就是将归纳和演绎两种方法融合在一起,并且用他的一系列重大成果表明,在科学研究中这两种方法相映成辉,互相补充,相辅相成,缺一不可。归纳—演绎研究方法为科学家普遍接受,成为现代科学方法的重要组成部分。牛顿的归纳—演绎研究方法,可以用下面的过程更明确、完整地表示出来:

以观察和实验为基础——→进行分析归纳,提出科学假设,建立理论公式,解释已知实验、观察结果——→利用获得的理论、推演和预言新现象——→实验(实践)检验。

牛顿万有引力理论的建立和最后被确认,正是经过这个过程:

以观察到的月亮和其他行星运动为基础——→提出万有引力假设,建立万有引力定律的理论公式,推出已知的运动结果——→预言新现象——→实验(实践)检验。

下面介绍几个利用万有引力定律预言的新现象,这些新现象最

后都得了实验验证,使万有引力定律得到科学界的一致公认。

第一个预言是牛顿在《原理》中根据万有引力定律和地球自转的特点,提出地球是一个两极略扁平的球体,并计算出扁率大约是 1/230。后由法国两支探险队分赴赤道和北极进行测量证实了牛顿的预言。现代测量结果是地球赤道半径为 6 378.140 千米,极半径是 6 356.755 千米,扁率为 1/298.3。

第二个预言是天文学家哈雷对哈雷彗星的预言。1682 年天空曾出现过一颗异常明亮的彗星,哈雷利用万有引力公式计算了这颗彗星的轨道,发现它与 1531 年和 1607 年出现的彗星有极为相似的椭圆轨道。于是他预言这是同一颗彗星,它的运行周期约为 76 年,下一次将于 1758 年飞临地球。哈雷于 1742 年逝世,16 年后此彗星"如期来临"。为了纪念哈雷,人们将这颗彗星命名为"哈雷彗星"。

第三个预言是海王星的预言。在天王星发现后,人们发现天王星的实际运行轨道与根据万有引力公式计算出的结果有较大偏差。于是,天文学家推测可能在天王星外侧有一颗尚未发现的行星,是它影响了天王星的运动轨道。柏林天文台很快根据科学家的预言找到了这颗新行星,后定名为"海王星"。

§2.5 力学与现代航天技术

力学不仅仅是物理学的基础,而且有着广泛的应用价值,尤其在现代航天技术的发展中做出了重大贡献,显示了物理学在改变世界中的重要地位,展现了科学的力量。本节将对航天技术的发展作简要介绍,包括我国航天事业的发展。更详细的内容可参见参考资料[6]中§2.4。

一、航天器飞行的理论基础和三个宇宙速度

牛顿的力学三定律和万有引力定律为航天器飞行奠定了理论基础。首先火箭升天的基本原理就是牛顿第三运动定律的结果,两

物体相互作用时,作用力与反作用力相等。当原来静止在发射塔的运载火箭(载有航天器),在燃料燃烧后向后喷出高速燃料气体时(燃料气体受到喷力作用),火箭就受到一个反作用力(即推力)向上飞行。

中国从1956年开始火箭的研制,1970年4月24日,"长征"一号运载火箭为我国发射了第一颗人造卫星——"东方红"一号。目前,我国"长征"系列运载火箭根据不同用途和特点已有5个系列、20多个型号,成为中国航天的主力运载工具,为我国航天事业的发展做出了重要贡献。

根据万有引力定律和机械能守恒定律,可以方便地计算出航天器飞行的三个宇宙速度。

在地面上发射一航天器,使之能沿绕地球的圆轨道运行而不下落所需的最小发射速度,称为第一宇宙速度(v_1)。$v_1 = 7.9$千米/秒。

为了使航天器能脱离地球的引力场束缚所需的最小发射速度,称为第二宇宙速度(v_2)。显然v_2要比v_1大,$v_2 = 11.2$千米/秒。当发射速度大于v_2时,航天器将飞离地球。

为了要使航天器不仅要脱离地球引力场,还要脱离太阳引力场的束缚飞离太阳系所需要的最小发射速度,称为第三宇宙速度(v_3)。v_3肯定要比v_2大,$v_3 = 16.7$千米/秒。当发射速度大于v_3时,航天器将飞离太阳系。发射速度越大,对火箭要求越高,通常采用多级火箭。

二、失重现象

随航天器在一定轨道上绕地球飞行的航天员,在飞行时所受到的地球引力(提供了飞行所需的向心力)与航天员受到的离心力相等,所以有失重现象。航天员可以在航天器里随意飘浮。在失重环境下日常起居与地面很不一样。例如:吃饭时,要有绅士风度,先要把身体固定在座椅上,动作要慢,用力不能猛,以免饭、菜飞走;睡觉时,站着或躺着没什么大区别,为了防止飘动,航天员钻进固定在舱壁上的睡袋里睡觉,没有床的睡觉会使他们总会觉得身体下面没支

撑,常有坠落的感觉而难以入睡,这需要训练养成习惯;为了防止水和牙膏泡沫到处乱飞,太空中洗脸只能用湿毛巾擦一擦,刷牙是用手指蘸上牙膏来回在牙齿上磨几下,再用湿毛巾擦干净。

三、航天技术简介

自1957年10月4日前苏联成功发射第一颗人造卫星,航天技术已在卫星应用、深空探测和载人航天3大领域得到迅速发展。下面将着重介绍我国航天事业的发展。(要详细了解航天技术及其发展,可参阅参考资料[6]。)

1. 卫星应用

常用的卫星有通信卫星、气象卫星、地球资源卫星、海洋卫星、科学探测卫星、导航卫星等。我国都有相关的卫星;并初步形成了自己的卫星系列:"东方红"通信卫星系列、"风云"气象卫星系列、地球资源卫星系列、海洋卫星系列、"实践"科学探测卫星系列、"北斗"导航卫星系列。卫星应用对我国国民经济的发展、科学技术的发展,以及在军事上都发挥着重大作用。

就以导航卫星为例,2007年我国开始建设新一代应用更广的北斗导航系统,至2012年11月已先后发射了16颗组网卫星,并已投入应用。计划到2020年左右建成由35颗卫星组成的能覆盖全球的导航系统。导航系统可用于航空-航海、铁路、交通,以及气象、海洋、环境、测绘、水利等各个领域。

2. 深空探测

深空探测主要指对地球以外的外层空间进行探测,包括月球、火星和太阳系其他行星,甚至太阳系之外的星系。主要研究太阳系和地球的起源与演变、探索太空资源和地外生命等。

例如:目前美国、俄罗斯、欧洲航天局,以及中国、印度等国都有月球探测计划,其目的不仅可以开发月球上的资源,如矿产、能源材料(月球上有丰富的氦-3,它是核聚变的主要燃料),长远目标还有扩大人类生存空间、在地球外建立人类活动基地等。1969年7月16日美国"阿波罗11号"飞船升空,于7月21日将载有3名航天员的登月舱送上月球。11 时 56 分指令长阿姆斯特朗踏上了人们翘首仰望的月球,实现了人类奔月的梦想。阿姆斯特朗深情地说:"这是个人迈出的一小步,但却是人类迈出的一大步。"

我国的月球探测计划分"绕、落、回"3 个阶段。2007 年 10 月和 2010 年 10 月我国先后发射了"嫦娥一号"和"嫦娥二号"两颗绕月卫星,获得了世界上最清晰的全月图。2013 年 12 月 14 日,身披五星红旗的"嫦娥三号"带着"玉兔号"月球车成功落月,成为继美国和前苏联之后第三个实现月面软着落的国家。接着"玉兔"开展了月面巡视勘察任务,实施第二阶段的计划,为我国航天事业的发展树立了又一个新的里程碑。最后一阶段是采集月球土壤样品返"回"地球。在上述基础上,还将考虑载人登月计划。

3. 载人航天

载人航天是航天领域中最重大的研究领域。载人航天的航天器有宇宙飞船和空间站。宇宙飞船又叫载人飞船,它能运送航天员、货物等到达太空实验室,并能保障航天员在太空执行航天任务后安全返回地面。航天员可在其中作太空短期生活,并进行一定的工作。空间站是可在近地轨道上作长时间运行的航天器,可供多名航天员在太空生活,航天员可利用空间站特殊的微重力、高真空和超洁净环境,可进行各种太空实验,如新材料的研制、空间生命科学研究以及太空育种研究等。

目前太空实验已取得很大发展。自 1971 年前苏联发射第一座"礼炮号"空间站以来,在 2001 年 3 月以前全世界已先后发射了 10 个空间站(其中前苏联 8 座、美国 1 座、西欧 1 座)。2001 年 3 月在太空工作了 15 年的前苏联"和平号"空间站,最终完成了使命,被爆破后坠毁于南太平洋。自 1998 年 1 月由美国、俄罗斯、日本、加拿大和欧洲航天局等 11 个成员国合作的国际空间站建设正式启动,2001 年 11 月首批 3 名宇航员进驻空间站。国际空间站长 108 米、宽 88 米、密封舱总容积为 1 200 立方米,重 438 吨,可供 6—7 人在轨工作,这是载人航天发展的一个重大的里程碑项目。

1992 年 9 月,我国"神舟号"载人航天工程正式启动。1999 年 11

月21日我国自行设计的"神舟一号"飞船在完成飞行试验后,它的返回舱顺利返回地球。2003年10月16日6时23分,乘"神舟五号"飞船在太空遨游21小时(绕地球14圈)的中国首飞航天员杨利伟安全返回地球,实现了中华民族的飞天梦,这是我国航天史上又一重要的里程碑。2005年10月12日"神舟六号"升空,实现了两人(费俊龙、聂海胜)5天飞行,且实现了宇航员在返回舱和轨道舱之间的来回,模拟将来要在轨道舱进行太空科学实验和生活多天。2008年9月25日"神舟七号"发射成功,实现了多人(翟志刚、刘伯明、景海鹏3人)飞行以及航天员(翟志刚)出舱活动的重大突破。

2011年11月3日我国发射的一个试验性小型空间站"天宫一号"与"神舟八号"首次交会对接成功。2012年6月16日载有3名航天员[景海鹏、刘旺和刘洋(女)]的"神舟九号"发射升空,与"天宫一号"在轨成功进行了一次自动交会对接,以及一次航天员手控交会对接,并开展了一系列空间科学实验。飞行13天后,成功返航。"神舟十号"于2013年6月11日升空,3名航天员[聂海胜、张晓光和王亚平(女)]进一步考核了交会对接技术、天地往返运输能力,以及航天员生活、工作的保障能力,在太空历时15天顺利返回。中国是继美国、俄罗斯之后,第三个独立掌握交会对接技术的国家。这再次向世人表明中国人有志气、有能力发展自己的载人航天工程高尖端技术。这一切都是为了建立中国自己的空间站作充分准备。

图2-9 我国"神舟七号"航天员翟志刚出舱活动

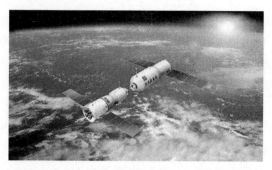

图 2-10 我国"神舟九号"与"天宫一号"交会对接成功

参考资料

[1] [美]詹姆斯·格雷克著,吴铮译. 牛顿传. 北京:高等教育出版社,2004 年.

[2] 丛书编写组编. 大科学家的真实故事(牛顿,伽利略). 西安:未来出版社,2001 年.

[3] 路甬祥. 创新辉煌:科学大师的青年时代(上册). 北京:科学出版社,2001 年.

[4] [美]埃米里奥·赛格雷著,陈以鸿等译. 从落体到无线电波——经典物理学家和他们的发现. 上海:科学技术文献出版社,1990 年.

[5] [美]威廉·H. 克劳普尔著,中国科大物理系翻译组译. 伟大的物理学家——从伽利略到霍金物理学泰斗们的生平和时代(上). 北京:当代世界出版社,2007 年.

[6] 倪光炯等. 改变世界的物理学(第四版). 上海:复旦大学出版社,2015 年.

[7] [美]爱因斯坦著,许良英,王瑞智编. 走近爱因斯坦. 沈阳:辽宁教育出版社,2005 年.

[8] 顾迈南. 华罗庚传. 上海:复旦大学出版社,1997 年.

[9] 马胜云,马兰. 李四光. 北京:金城出版社,2008 年.

[10] [美]A. 爱因斯坦,[波兰]L. 英费尔德著,周肇威译. 物理学的进化. 上海:上海科学技术出版社,1979 年.

[11] 程帆. 名人名言(学生版). 长沙:湖南教育出版社,2011 年.

第 3 章
平凡而伟大的法拉第

英国皇家学院,法拉第开始科学生涯的地方,在此他将自己的一生贡献给了伟大的科学事业

想象力比知识更重要,因为知识是有限的,而想象力是概括着世界上的一切,推动着进步,并且是知识进化的源泉。

爱因斯坦(《爱因斯坦全集(第一卷)》,p284)

法拉第是我们青少年读者,也是许多公众最熟悉最钟爱的伟大科学家之一。值得我们钦佩的不仅是他在科学上的贡献,他开创的电气化时代造福人类,还在于他的伟大而高尚的人格力量。

本章介绍法拉第这个出身于伦敦贫民区的穷铁匠的儿子,如何步入科学最高殿堂的成长经历。着重介绍他向往科学、追求真理的坚强意志;努力奋斗、自学成才的学习精神;酷爱实验、尊重事实的求实精神;善于思考、富有想象的高度智慧,做出物理学革命和电气化时代到来的重大发现,以及淡泊名利、热心公众事业、甘于平凡的高尚人格。

§3.1 不向贫穷低头的科学迷

一、一个读书迷

1791年9月22日迈克尔·法拉第出身于英国伦敦附近的一个小镇,父亲是个铁匠,家中仅靠父亲一人打铁为生,非常贫穷。法拉第是家里的第三个孩子,上有一个哥哥和一个姊姊,后来又多了一个妹妹。4个孩子渐渐长大,父亲却经常生病难以维持生计,全家只能靠救济粮生活,甚至一天口粮要分成几天吃。这种日子没过多久,13岁的哥哥罗伯特继承父亲进了一家铁匠铺当学徒,小妹妹长大后母亲到一家有钱人家去打零工,家里的生活有了改善,又有了笑声。1804年,法拉第13岁时停止了学业,他只上完小学三年级。由于他身体瘦小,父亲把他领进一家经营书籍装帧、捎带书籍销售的订书店铺当学徒,法拉第开始学习书籍装订手艺的学徒生涯。主人里波先生为人和气、善良,脸上总带着微笑。他不久就发现法拉第机灵、懂事,这孩子不仅很快就学会了书籍的装订,而且装得又快又好,甚至赶上了店里其他师傅,有时间还可以抽空翻阅自己经手装订的图书。渐渐地,凡是由他装订的书他都会阅读一番,每天晚上工作之余,他总是在工作台前聚精会神地看书,并且边读边记,还会把精彩的图临摹下来,不时凝神沉思。主人里波非常喜欢这个爱书如命、把读书看作是"最大乐趣"的小学徒,并鼓励他爱读什么就读什么。从法拉第的信件中可以知晓他不仅读了店中许多的书,还读了许多他从朋友那里借来的书。通过读书和思考,法拉第开始向往科学,在心中产生探索科学奥秘的萌芽。

法拉第在老年回忆早年岁月时曾讲到:"有两本书对我的帮助特别大,《不列颠百科全书》使我第一次对电有了了解,而马塞特夫人(Marcet)的《关于化学的对话》给我提供了这门科学的基础知识。"[1],p27 正是化学和电学这两门学科,把法拉第引进了科学殿堂。

图3-1 里波的店铺,法拉第心中产生探索科学奥秘的萌芽之地(取自[2],p10)

二、阁楼实验室

法拉第喜欢读书,但他更重视实验。他一心想亲自做一下上述两本书中所提到的电学和化学实验,想亲眼看到那些神奇的现象。贫穷阻挡不了他走上科学之路,他到药房垃圾堆拣人家丢弃的瓶瓶罐罐,到工厂废品堆拣可利用的金属片等,用积蓄的零花钱买些便宜的药品和实验材料,把自己的小阁楼变成一个简易小实验室,做起化学和电学小实验。闪亮的燃烧火焰、劈啪的电火花声,常伴随他在阁楼实验室工作到深夜。渐渐地这被邻居和主人里波发现,里波被法拉第对科学的热爱所感动,给予支持和鼓励。

法拉第在 8 年学徒期间,尤其是他后来有钱能够买必要的实验材料时,他更时不时地做实验,尤其是化学方面的小实验。老年时他回忆说:"对于我来说重要的是事实,……当我用一些小实验来证实马塞特夫人书中的内容时,我就能够找到从事研究的方法,并且发现它们就像我所理解的那样是真实的,我觉得自己在化学知识中掌握了一个支撑点,而且被我牢牢地把握住了。从那时起我就深深地崇敬马塞特夫人:首先是因为,她使我获益匪浅并给我带来了极大的快乐……"[1],p27 可见,法拉第是何等重视实验研究方法,认为只有得到实验证实的理解才是可信的;同时,他把科学实验看作一件"极大快乐"的事情。

三、聆听科学演讲

在法拉第的早年生活中,决定他后来命运的有 3 个人,其中一位就是书店主人里波,正是里波为法拉第创造了刻苦自学的机会,对科学知识和科学实验产生了浓厚兴

> 读书使人充实,思考使人深邃,交谈使人清醒。
> 美国政治家、科学家富兰克林(1706—1790)[8],p305
> **心语** 读书使你变得聪明,摆脱平庸。读书使你眼界开阔,走向世界。读书可以聆听许多高尚人的心声,使你心灵美好,道德高尚。

趣,在他心中播下了科学的种子。另两位是塔特姆和戴维*(H.

---

* 戴维简介:戴维出身在一个木雕艺人的家庭,有一个弟弟和三个妹妹,家庭并不富裕。在他 15 岁时,父亲去世,他只能放弃学业去一家药店当学徒。他每天要与化学药品和化学实验打交道,从而对化学产生了浓厚兴趣。也正是通过刻苦的自学和不断的实验,加上他的独特见解,戴维的知识和才华逐渐显露。于 1798 年,年仅 20 岁的戴维就被聘为一家医用气体研究所的实验室主任,从此走上了正规的化学研究道路。1801 年他被邀请到皇家学院科普协会实验室工作,第二年就被提升为教授。他的通俗化学演讲风靡伦敦。他在电化学方面的研究成果非常辉煌。1803 年,25 岁的戴维当选为皇家学会会员,1812 年被皇室册封为爵士。1820 年担任皇家学会主席。

Davy，1778—1829)，他们都是知名的讲演者。他们俩的科学演讲，就像那阳光雨露,使法拉第心中的科学种子迅速萌芽成长。并且正是这两位学者给予法拉第切切实实的帮助,把他引进科学殿堂。当然,最主要的还是法拉第本人对科学的热爱,以及他能奋力抓住来到他面前的一切机遇。

1810年初的一天,由于珍惜时间平时在街上走路总是急匆匆的法拉第偶然看到贴在橱窗里的一张布告,上面写着:"塔特姆先生的自然哲学演讲,每次收费一先令。"这张布告立刻把他吸引住了,可是太贵的入场券使他只能望而止步。但此后几天布告上的这几行字时刻在他眼前晃动,法拉第心中总是念念不忘这个难得的学习机会。当他刚满师不久的哥哥了解到弟弟的想法后,立即摸出几个一先令的银币塞到法拉第手中。自1810年2月到1811年9月,法拉第一共听了塔特姆先生的十几次演讲。每次晚上听完演讲回到铺子时已是深夜,大家都睡了,他还是那么兴奋,在蜡烛光下开始誊抄和整理自己听讲时认真记下的笔记,其中包括一些图画,并且仔细领会和推敲演讲内容。他一丝不拘地写着、画着,经常忘掉了时间。最后,他把十几次演讲的笔记认真装订起来,起名为《塔特姆自然哲学讲演录》,把他作为礼物赠送给长期支持和关心他的里波先生。里波先生对这个爱徒总是赞叹不已,褒奖有加。

在装订行业内,里波先生的店铺受到当地不少学术界人士的青睐。一天,皇家学院的当斯先生来到店堂,他认识法拉第,也很赏识这个学徒,活干得又快又好,并且知他爱书如命。尤其是里波先生曾经把《塔特姆自然哲学讲演录》给当斯看过,使他对这位年轻人更是刮目相看,并打算帮助他。当斯先生这天把要装订的书交给里波后,径直走到法拉第身旁,询问他是否想去皇家学院听戴维教授讲化学。法拉第简直不敢相信自己的耳朵,这又是一次求之不得的机会,因为他早听人说过大化学家戴维教授的演讲好极了,所以他立即回答:"我太想去了!"在当斯的帮助下,法拉第于1812年2月到4月的3个月中幸运地到皇家学院的演讲厅,聆听了戴维化学系列讲座的最

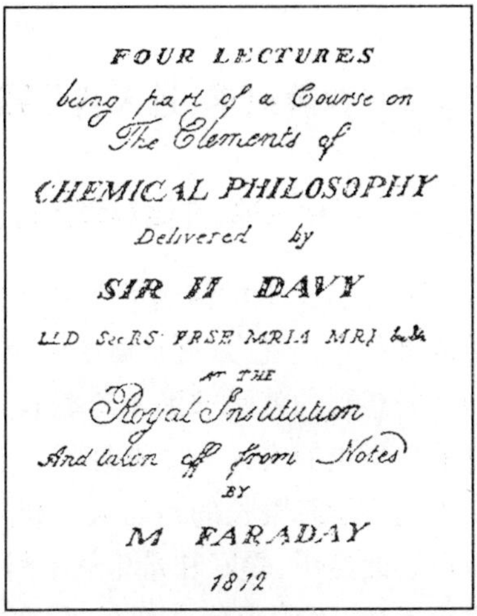
FOUR LECTURES
being part of a Course on
The Elements of
CHEMICAL PHILOSOPHY
Delivered by
SIR H DAVY
LLD SecRS FRSE MRIA MRI &c
AT THE
Royal Institution
And taken off from Notes
BY
M FARADAY
1812

图3-2 法拉第精心整理的《汉・戴维爵士讲演录》的扉页

后4讲。此后，被皇室册封为爵士的戴维教授不再作这种“通俗”的化学讲演，更多地投入到创造性的科学研究工作。法拉第太幸运了，不仅听到了戴维的告别演讲，更重要的是为他以后进入皇家学院工作创造了机会。戴维4次讲座的内容分别是“发热发光的物质”、“氯”、“易燃物质”和“金属”。有13年演讲经验的戴维演讲有声有色、妙趣横生，不时地做些示范实验，听众耳目一新。法拉第听得入迷，尽力把戴维的演讲和插图都记录下来。同样，他把这4次讲座的记录誊清、整理、装订成册，取名为《汉・戴维爵士讲演录》。

实际上法拉第早已从城市哲学会的成员中了解到戴维教授的一些情况，城市哲学会正是塔特姆先生于1808年为一些像法拉第那样的聪明、好学的年轻人所组织的一个哲学团体。参加的成员有40多个，大部分家境不富裕，他们甚至开玩笑称这是“穷人哲学会”。每周一次在塔特姆先生家活动，大家一起讨论自然哲学、化学、逻辑学、修辞学等感兴趣的问题。法拉第有时也会在城市哲学会上作关于化学和物理学的演讲。这些活动无疑对法拉第有很大帮助。

法拉第在8年的学徒生活中，通过长期的刻苦自学和动手实验，以及聆听一系列科学演讲和参加城市哲学会许多科学活动，使他心中的科学之花已经生根发芽。他向往科学、追求真理的热情越来越高，他已经不想把自己的青春和生命消磨在书籍装帧铺里，而是决心投身到科学事业中。

§3.2　执著追求,进入科学殿堂

一、抓住机遇,开始科学生涯新征途

满师前夕举世闻名的戴维教授的 4 次演讲,以及戴维本人的科学成就和个人魅力,更是激励法拉第渴望尽快投入科学事业。为此,他首先想到的就是求助戴维教授,不巧的是,演讲结束后不久,戴维就带着新婚的夫人去度蜜月了。于是法拉第只好给当时皇家学会会长兼皇家学院院长的约瑟夫·班克斯爵士送去一封自荐信,信中写下自己的经历、爱好和希望从事科学事业的理想,并表示愿意到皇家学院工作,不管干什么都行,只要能为科学服务。可是,一周后当他再次去这位院长家听回音时,一个仆人传来的结果是院长认为"此信不必回复"。面对这冷酷无情的回音,这个穷苦出身的年轻人并不屈从命运,献身科学事业的决心也毫不动摇。

出于无奈,在 1812 年 10 月满师后,他只好暂时经人介绍,应聘到别的书籍装帧铺去工作,但是他的心不在铺子里。尽管当时这家店铺的主人没儿没女,表示将来这家店铺可传给法拉第让他当上老板,可是,法拉第毫不心动,他更向往的是为科学事业奋斗。

机遇来了,在这一年的圣诞节前夕,他得知戴维教授已度假结束回到伦敦。于是他就马上给教授送去一封更加恳切的自荐信,并附上自己誊清、整理、装订的《汉·戴维爵士讲演录》。

见到此信,尤其是看到这本讲演录,戴维怔住了。4 次演讲共 4 个多小时,而这本讲演录竟有 386 页!法拉第不但记下了他讲的内容,而且还补充了许多他没讲的内容,并且包括精致的插图,整个装订也非常漂亮。在戴维看来,这个小伙子对科学如此热爱,工作态度又极其认真、一丝不苟,这正是科学研究工作中非常需要的品质,所以他一下子对这个年轻人产生了很大的好感。同样是由于家庭困难,15 岁被迫停止学业,去一家药店当学徒,后靠刻苦奋斗、自学成才的戴维对有相同命运的法拉第更是感到应给予热情帮助。

于是,他很快就约见了法拉第,进行了热情的交谈。法拉第对戴维教授再次表述了自己为什么决心从事科学工作的想法,他说:"我对买卖不感兴趣,先生。那只是为了赚钱,自私自利。可是科学工作是为了追求真理,哲学家*都有高尚的道德感情。"[2],p59 戴维非常满意这个青年人的回答。1813年3月,戴维解雇了身边脾气暴躁、态度不好的助手,正式聘请法拉第担任实验室助手的职务。虽然薪水不高,但法拉第进入皇家学院工作的愿望终于实现了,从此他走出了决定一生命运的关键一步,开始了科学生涯的新征途。

二、欧洲旅途成为最好的大学

进入实验室工作的法拉第除了协助戴维教授做实验、作记录外,其他杂务样样都干,包括搬运仪器、清洗瓶子等。他工作勤快、做实验胆大心细,戴维对这个年轻助手很满意。半年后,一个非常难得的学习机会又来临了。

> 一个人想要成功,就要学会在机遇从头顶上飞过时,跳起来抓住它。这样逮到机遇的机会就会增大。
>
> 美国微软公司董事长比尔·盖茨(1955—)[8],pt26
>
> **心语** 年轻的朋友,在这竞争激烈的时代,干任何事都应深思熟虑。因为"机会只偏爱那些有准备的头脑",千万不要让大好的机会从你身边溜走。

当上爵士不久的戴维打算到法国、意大利、瑞士、德国和比利时等欧洲国家去旅行,主要是去和一些著名的科学家进行学术交流,包括做一些实验研究。所以一路上他总是会带着一箱化学实验仪器。做实验当然需要助手,因此他希望法拉第能一同前往,由于戴维爵士的随身听差不愿前往,法拉第还被要求同时做听差的事情。听差实际上就是佣人,所以一开始法拉第并不愿意,可是当他想到这次旅行对他而言是一个最好的学习机会,既可以见到欧洲的一流科学家,了解各国科学发展现状;又可以跟随戴维教授一起搞研究,从实践中学

---

* 当时常把科学家泛称为哲学家。

习教授的科学思想和科学方法；另外还可在国外开眼界、见世面、学习外语（实际上法拉第就是在旅途中学习了法语）。经过权衡他答应随同戴维夫妇前往欧洲旅行。

1813年10月13日戴维正式出发，第一站去了法国，对于从未出过远门，更不要说到国外旅行的法拉第来说，一路上所见到的自然景色和风土人情都是新鲜东西，他仔细观察、记录，还写日记。10月29日他们到达了目的地巴黎。

他们在巴黎停留了两个月，除去参观和游览，戴维进行讲学，还与法国同行进行学术交流。年轻的法拉第认识了不少法国著名的科学家，影响特别深的是安培（1775—1836）和盖·吕萨克（1778—1850），当时他们俩曾合作进行化学研究*。11月底的一个早晨，安培和盖·吕萨克和另一位化学家库尔图瓦（1777—1838）一起拜访戴维这位世界著名化学家。他们带来了库尔图瓦在研究海藻时从中提炼出来的一种紫黑色晶体，有光泽、像金属，加热时会冒出一种像氯气一样刺鼻的紫色气体，这种神秘晶体的成分是什么？他们并不清楚。为此，他们特意带来向戴维请教。戴维留下了这种晶体，在法拉第的帮助下，利用擅长的电解方法经过几天的实验研究，发现此种物质不能电解，并进一步确认它是一种单质，且是一种新的元素，戴维把它命名为"碘"，在希腊文中是"紫色"的意思。接着戴维就把自己确认碘的实验结果写成报告，寄回伦敦皇家学会。对于"碘的确认"这件事情，法拉第写下如下一段日记：[[2],p71]

> 在司空见惯的大家以为非常了解的物质中，居然发现了新的元素，这对于现代化学家勤于探索的头脑，无疑是一种刺激。这证明，即使在公认的、已经完全了解的科学部门中，科学也还是处在不完善的状态。

可见，第一次亲自参与新元素碘的确认过程，对法拉第是很大的激

---

* 安培是从1820年才开始致力于电磁学研究，并做出了重大的发现。

励,他从中学到科学研究的方法,体会到科学研究不再遥不可及,并且深感在科学家面前大自然还有许多未知的奥秘需要去探索和发现。

12月29日,戴维一行又从巴黎出发前往旅行的第二站——意大利。一路上他们在不少地方停留、观赏自然景色,直到2月21日才到达意大利。同样,在意大利除了旅游,一路上只要有机会,两人就会做一些实验。例如3月10日他们到达意大利的古城佛罗伦萨,戴维和法拉第饶有兴趣地观看了伽利略亲自制作的开创天文学新纪元的望远镜。另外,戴维在见到托斯卡纳大公司巨大的凸透镜后,思想活跃、富有想象力的他提出用此凸透镜来会聚太阳光,使其在焦点处产生高温来点燃金刚石的试验。结果,在玻璃罩里的金刚石果然被点燃,几分钟后被完全烧光。经过对玻璃罩内残留气体的分析,发现原来罩内的氧气变成了二氧化碳,可见金刚石的成分是纯碳。

在意大利逗留了几个月后,他们又去了瑞士和德国旅行,随后返回意大利。在米兰,他们又拜访了老一辈物理学家伏打伯爵(1745—1827),受到这位电化学先驱、伏打电池发明者的盛情欢迎,还参观了伏打实验室。在瑞士更是受到化学家、物理学家德拉里弗教授的热情接待。这位教授还与法拉第亲切攀谈有关科学研究,从此,法拉第和德拉里弗教授经常通信成了好朋友。

图3-3 年轻时的法拉第

一年半的欧洲旅行结束了,1815年4月中旬他们回到了伦敦。他在科学上的收获很大,不仅向戴维学到了很多东西,并且结识了不少一流科学家,他的才华和人品也得到了他们的赏识和尊重。这一切使他非常愉快,并难以忘怀。

三、实验室中的工作狂

1815年法拉第回到皇家学院,继续他的助手工作。实际上他既是助手，又是独立研究人员；既是勤杂工，又是技工，只要与科学研究有关的事，他样样都干。从欧洲旅行回来，他求知的欲望越来越强烈，对实验研究的投入越来越专注，简直成了一个工作狂。回忆这个阶段的实验工作和收获时法拉第说："如果没有那些实验事实和在读书的启发下所做的试验，我无法想象，单靠读书就能获得这样大的进步。不看见事实，我自己永远也不能解释它。"[1],p41 法拉第不仅自己极其重视实验，并且他还总是孜孜不倦地对他的读者、听众和朋友强调在科学研究中实验工作的必要性。他说："如果没有实验，我将一事无成。""实验是无止境的，但是一定要坚持做下去，否则谁知道可能有什么样的结果？"他还强调亲身参加的重要性，说："我从来不会去做没有我亲自观察的实验。"[3],p136 在1820年以前，法拉第主要协助戴维，有时也应皇家学院其他科学家的要求做了大量化学分析方面的实验，涉及面很广，他的实验能力也越来越扎实，也越来越有名气。但他毫不自满，在他给朋友的书信中写道："我要为化学这棵树添枝加叶的不大的愿望已经被周围的人们接受，他们对我表示了支持；但是仔细一想我发现，这只是他们善意的表示，是他们激励我把事情做得更好的愿望。"[1],p39 法拉第就是这样，把别人对他的支持和鼓励看作激励他把研究工作做得更好的愿望，变成使他更加刻苦工作的压力。

工作越多，他干劲越大，除了白天全身心投入实验室工作外，每晚也是排得满满的。晚上大部分是他学习和写论文的时间，但其中每周有一个晚上要参加市哲会活动，还有一个晚上要去看望母亲和妹妹。法拉第很顾家，他要省下钱来供养母亲和送妹妹上学。

1816年，25岁的法拉第在布兰德教授（戴维化学讲座的继承人）主编的《科学季刊》上发表了第一篇科学论文，内容是对戴维从外地带回来的一种生石灰的成分进行化学分析。布兰德教授很赏识法拉第的文章，特请他帮助做些编辑《科学季刊》的工作。1817年他发表了6篇论文，1818年又发表了11篇论文。法拉第研究领域较广泛，但在1830年之前，他的论文的内容主要是在化学分析领域的研究工作,并于 1827 年出版了一本 600 多页反映他出色化学实验才能的巨著《化学操作》。他的非凡的实验分析本领,以及他在化学分析领域的一系列贡献,使他成为一个年轻有为的化学家,受到学院院长及教授们的关注和重视。同时也吸引了一些工业家请法拉第对生产的新产品进行分析。

在这一时期还应提到的是,1820 年春天,法拉第收获了爱情,他在教堂中结识了同一教派(桑德曼派)的信徒萨拉姑娘,一位银匠的女儿,两人很快堕入爱河。1821 年 6 月 12 日两人举行了婚礼。夫人萨拉在法拉第一生中是不可缺少的角色,她是法拉第的完美伴侣。夫妇俩没有孩子,她给予法拉第无微不至的关爱和给予他们的两个侄女母爱。她全力支持法拉第的实验研究工作,她对侄女说,科学已经"让他专注执迷在实验室,耗尽他所有精力,经常兴奋地失眠,我很满足于做他精神上的枕头。"[3],p140 确实如此,法拉第结婚当天没有邀请许多亲友来参加婚礼,仅是早晨去了教堂举行了婚礼仪式,整个下午又在实验室工作。婚后也没时间去度蜜月,而是继续埋头研究,对此,萨拉毫无怨言。由于法拉第经常专注实验而忘记吃饭,萨拉就会悄悄把饭菜送到实验室(实验室是在皇家学院大楼的地下室)。由于劳累过度,老年法拉第健康状态变得很差,更是离不开萨拉照顾,他对萨拉说:"什么样的休息也比不上跟你在一起。"[3],p140

§3.3 伟大的发现和科学想象力

在 1820 年前法拉第已显示出非凡的实验能力,但他更希望自己能成为"自然哲学家"而不仅仅是个"实验家"。在一次市哲学会的演讲中,他说过下面的话:"自然哲学家应当是这样一种人:他愿意倾听每一种意见,却下定决心要自己做出判断。他应当不被表面现象所迷惑,不对某一种假设有偏爱,不属于任何学派,在学术上不盲从大师。他应该重事不重人。真理应当是他的首要目标。如果有了这些品质,再加上勤勉,那么他确实可以有希望走进自然的圣殿"。[2],p285 在法拉第之后40多年的研究生涯中,他就完全按照自己所说的去做,成为一个有高度思辨能力和执著探索精神的思想家。

法拉第一生最伟大的发现(电磁感应)和杰出的科学想象力("场"的概念的提出)就是在电磁学的研究中做出的,由此开始了自牛顿以来物理学史上的又一次革命。

一、奥斯特的"磁生电"与法拉第的"电磁转动"

1820年丹麦科学家奥斯特(1777—1851)关于"电生磁"的重大发现,更是把在学徒期间早就对电感兴趣的法拉第从化学领域吸引到电和磁领域。在奥斯特实验前,不少物理学家(包括对电学有主要贡献的库仑)都认为电和磁没有联系,但是奥斯特是德国哲学家康德(1724—1804)哲学的忠实信徒。在康德哲学思想影响下,他认为自然界各种基本力是可以相互转化的。他在1812年出版了论文"关于化学力和电力的统一性的研究"。同时,他深信电和磁有联系,他要用实验来证明电流有磁效应。1820年4月的一个晚上,奥斯特向听众演讲有关电和磁的问题。在做演示实验时,当他接通电源有电流通过导线的一瞬间,他发现导线下方与通电导线平行放置的小磁针有一轻微晃动(见图3-4)。这一晃动并没有给听众留下任何印象,可是奥斯特却激动万分,这正是他盼望多年的结果。因为小磁针的晃动说明受到了一种磁力*,这正是来自电流的磁效应的表现。正如法国著名微生物学家、化学家巴斯德(1822—1895)后来在讲述奥斯特发现电流磁效应的故事时所说的那句著名的格言:"在观察的领域里,机遇只偏爱那些有准备的头脑。"[6],p78 对奥斯特的发现,法拉第给予了高度的评价:"它猛然打开了一个科学领域的大门,那里过去是一片漆黑,如今充满了光明。"[2],p126

---

* 这种磁力将使小磁针转向与导线垂直的方向,由于电流小,所产生的磁力很弱,因此小磁针只是在接通电流时晃动一下。

图3-4 奥斯特发现电流磁效应实验：与通电导线平行的磁针受到一个转向与导线垂直方向的磁力作用

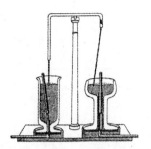

图3-5 在法拉第《电的实验研究》第二卷中证明电磁旋转的实验(取自[3],p132)

在奥斯特实验启发下，法拉第于1821年9月设计了"电磁旋转"实验装置(见图3-5)。[3],p132 图的左方表示一个盛满水银的杯子，把载流导线浸在其中。一根细的长条形磁体放在导线旁，磁体一极被用细丝拴在杯底，当电流通过导线(导线上端和杯中水银分别与伏打电池连接)时，露在水银外的磁体的上磁极将会绕通电导线旋转。图的右方是一个相似实验，只是其中磁体固定在杯中央，通电后是通电导线绕磁体旋转。法拉第的实验成功了，他观察到了"电磁旋转"现象，在实验室里高兴得手舞足蹈，这是他在电磁领域第一项杰出的发现。实际上，这正是世界上第一个电动机的原型。通上电流的导线在磁力作用下会转动，如果导线变为线圈，并通以大电流，使之在强磁场中产生大的转动力，足以带动机器转动，这不就是电动机吗？但是法拉第没有将精力花在如何设法把他的重要发现推向应用，想得更多的是要进一步探索电和磁的关系，揭示电磁相互作用的本质。

法拉第却未料到这一发现将会带来一场风波。这一风波曾给法拉第带来很大影响，这里作一简单介绍。原来早在法拉第实验之前的1821年4月，皇家学院的一位资深理事沃拉斯顿教授(1766—1828)兴冲冲来到皇家学院实验室，找到他的老朋友戴维，取出一张

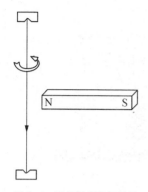

图3-6 沃拉斯顿设想的导线在磁力作用下的"自转"

草图(见图3-6)。他认为有作用就有反作用,奥斯特实验(通电导线使磁针偏转)的反过程也能实现,即当一个磁棒如图3-6所示移近夹在两个金属碗形槽中间的通电导线时,导线会绕自己的轴转动(自转),两人立即动手做起实验来,结果实验一直没成功。在此期间,沃拉斯顿也向法拉第请教过如何减小导线与金属碗之间的摩擦。

显然,不同于沃拉斯顿所设计的通电导线在磁力作用下的"自转",法拉第设计的实验是通电导线在磁力作用下绕磁体的转动,即"公转"。所以在"电磁转动"实验成功之后,法拉第就计划写一篇报告,报道自己重要的实验结果。当时他想到要提一下沃拉斯顿的工作,并且要说明两个实验设计的区别。不巧的是沃拉斯顿出外旅行,戴维当时也不在伦敦,法拉第认为如果没有征得本人同意,贸然引用他们失败的实验,恐怕不妥。同时由于急于发表,他把报告寄给《科学季刊》,就和夫人去度假了。正是这一仓促发表,引来了一场"风波"。[2],p136;[3],p133

1821年10月法拉第度假回到皇家学院,听到的不是对他电磁转动实验成功的赞扬,而是风言风语、蛮不讲理的指责,他的电磁转动实验"剽窃了沃拉斯顿的研究成果",并且"不顾脸面"、"不打招呼就抢先发表论文"等等。事实完全不是如此,这使法拉第感到十分痛苦,这是他生平第一次在荣誉和人格上受到别人怀疑和指责。对此,法拉第的态度是一方面继续勤奋工作,以更多成绩来证明自己的能力和清白;另一方面他直接给沃拉斯顿写信要求与他面谈,信中写道:"如果我做了什么对不起人的事,那是完全无意的。指责我不诚实是没有事实根据的。先生,我冒昧请求你给我几分钟时间,我想和你谈谈这个问题。我想和你谈,是由于这样的原因——我能为自己辩白——我对你是感激的——我对你是尊敬的——我渴望人家能消除那些毫无根据的对我的坏印象——如果我做了什么错事,我可以道歉。"[2],p141 沃拉斯顿是一个性情温和、心胸大度的人,对一些谎言也不大在意。看了法拉第态度真诚的信,他以热情而大度的态度回复,"……假使你有充分理由,能够说明你没有不正当地使用人家的建议,那么在我看来,为了这件事情伤脑筋,实在大可不必。不过,如果你愿意和我谈谈,那么明天早晨有便的话,请在十点到十点半之间来找我,我将恭候。"[2],p143 第二天早晨两人进行了亲切和诚恳的交谈,误会消除了,沃拉斯顿和法拉第的关系更接近了,后来沃拉斯顿还亲自到皇家学院实验室来看法拉第的"电磁转动"实验,并对法拉第富有想象和构思巧妙的设计表示赞赏。这场风波也逐渐平息了。

这场风波给法拉第留下了不小的创伤,那是因为他的恩师戴维由于嫉妒之心,他容不得学生超过老师,助手超过教授,所以他看不见、也不愿看见沃拉斯顿实验和法拉第实验的根本区别,以及法拉第一贯为人诚实、埋头苦干和非凡的实验工作能力。1823年,由于在化学和电磁学研究方面的杰出成就,皇家学会的一些会员联名提议法拉第为皇家学会会员候选人,其中带头签名的正是沃拉斯顿教授。可是当戴维知道后,竟要法拉第自己撤回候选人资格,遭到了法拉第的拒绝。此事拖延了半年,直到1824年1月才举行选举,法拉第当选了,仅有一张反对票。虽是无记名投票,但这一张反对票谁都知道是戴维投的。这又一次伤透了法拉第的心,多年的师生情正在法拉第心中逐渐消失。

值得庆幸的是,由于法拉第一项接一项的科学成果在皇家学院影响很大,戴维也看在眼里,记在心里,1825年2月法拉第被任命为皇家学院实验室主任,而提名人正是戴维。1829年5月29日,戴维由于中风在日内瓦去世,享年51岁。据说,在他病中有人问他一生中最伟大的发现是什么?他回答说:"我最伟大的发现是法拉第。"[2],p174 同样,法拉第也表示他永远不会忘记恩师戴维曾经对他的关心、帮助和提携。平时,他也总请别人不要总说戴维的短处,而要记得他的许多长处。他还捐钱在戴维家乡建立纪念碑。[2],p290

二、伟大的发现——电磁感应

法拉第对电磁研究感兴趣，他决不满足于"电磁转动"的发现，因为它只是类似奥斯特实验的另一种表现，他深入想到奥斯特实验最大的贡献是给出电和磁之间的联系——电能产生磁。磁一定也能转变成电。

> 想象力比知识更重要，因为知识是有限的，而想象力是概括着世界上的一切，推动着进步，并且是知识进化的源泉。
>
> 爱因斯坦(1879—1955)[9],p284
>
> **心语** 任何科学想象（或创新思维）应该是植根于广博的科学知识的土壤里，也是长期经验积累的结果。切忌好高骛远，脱离实际。

那么，如何"把磁转变成电呢?"这正是1821年法拉第在日记里记下的一句话，并一直放在心中。

大量的寻找"磁生电"的实验研究都失败了，但是法拉第从不轻易认输。一个重要原因是法拉第和奥斯特都受到康德哲学思想的影响，认为自然界是统一的、和谐的，深信"自然界各种基本力的统一性"，并追求这种统一。在他的编号为"2146"的实验记录中，他写下如下一段话："长期以来，我就持有一种观点，几乎是一种信仰，我相信其他许多爱好自然知识的人也会共同有的，就是物质的力表现出来时所具有的各种形态，都有一个共同的根源，或者换句话说，它们是相互直接联系的，也是相互依赖的，所以它们似乎是可以相互转化的。"[4],p148 由此出发，法拉第坚信既然电能产生磁，则磁一定能产生电。为此，在他的口袋里总放着一个小的电磁线圈，时刻提醒自己要不断思考磁产生电的实验研究。

工夫不负有心人，1831年8月他获得了一生中最伟大的发现，完成了一项也许是19世纪最伟大的实验，他发现了磁生电的途径。在8月29日的实验日记里他记下了这个实验的全过程。[3],p133

(1) 用软铁弯成一个圆铁环(见图3-7)，铁环粗$\frac{7}{8}$英寸，外径6英寸。在A这一边，绕有3个线圈(有6个端点)，彼此绝缘，每个线圈用 24 英尺长的铜线绕成。它们可以连接成一个线圈,也可分开使用。中间空开一点距离,在环的另一边 B 上用两根铜线绕两个线圈(有 4 个端点),总线长为 60 英尺,绕向和前述线圈相同。

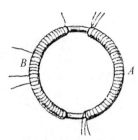

图 3-7 法拉第在日记中所画的电磁感应实验的草图(取自[3],p133)

(2) 然后把 10 个电池联在一起,每个电池极板的面积是 4 平方英寸。把 B 边的两个线圈连成一个线圈,把它的两个端点用一根铜线连接起来,这根铜线安放在一个离铁环有 3 英尺远的磁针上面。

(3) 接着将 A 边的一个线圈的两端与这组电池连接起来。实验发现,当接通电源和断开电源的瞬间,都可以观察到磁针的晃动,但很快就停止晃动,回到原来的平衡位置(正是奥斯特实验的结果)。如果把 A 边 3 个线圈连成一个线圈,重复实验发现对磁针的影响比一个线圈时强得多。

由此实验显而易见在 A 线圈中电流接通或切断瞬间在磁针上的铜线中有电流通过,也就是说在未接电池的 B 线圈中在此瞬间也有电流通过,这种电流称为感应电流。一旦 A 线圈中电流稳定后,在 B 线圈中的感应电流也就没有了,磁针就停在了原来的平衡位置。由此法拉第想到一种可能的合理解释:线圈 A 接上和断开电流瞬间,必然在线圈 A 附近的磁力发生迅速变化(从无到有或从有到无),由于铁芯的效果,这种变化更为明显(1825 年科学家已发明了电磁铁)。这种迅速变化的磁效应通过 B 线圈时就在其中产生感应电流。当线圈 A 中电流稳定后就没有这种磁力的变化,B 线圈中就没有了感应电流。

根据这种物理解释,法拉第立刻想到是否可不用电流的接上和断开,而直接用磁铁与线圈的相对运动来使线圈感受到这种磁的变化,从而在线圈中产生感应电流呢? 于是他马上又设计了一个新的实验,如图 3-8 所示。他直接用磁棒在线圈内作上下相对运动代替上述实验中铁环的磁力变化。实验成功了! 当磁棒与线圈相对运动

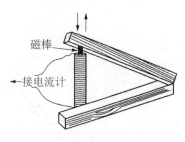

图 3-8 磁铁相对线圈运动，在线圈中产生感应电流

时,在线圈中果然也有感应电流产生,电流计指针发生偏转,电流大小与相对运动速率成正比,且插入和拔出时所产生的感应电流方向相反。一旦运动停止,感应电流立即消失。在1831年10月17日的实验日记中,他记下了这个实验结果。

上述的两个实验充分说明"磁能产生电",更明确地讲是"变化的磁能产生电"。这么多年来法拉第的"磁生电"的梦想终于实现了！对上述图3-7所示的磁生电的实验,法拉第称之为"伏打电感应",图3-8所示的实验称之为"磁电感应",后来被统称为"电磁感应"。显然,"伏打电感应"是变压器的原型,而"磁电感应"孕育了发电机的诞生。法拉第的伟大发现为电气化时代的到来奠定了坚实基础。

从1820年奥斯特发现"电生磁"到1831年法拉第发现"磁生电"经过了11年的时间,在这期间全世界许多科学家都在寻找"磁生电"的途径,可是都失败了,而法拉第成功了,并在皇家学会报告了自己的重大实验成果,很快他的伟大发现赢得了全世界科学界的称颂。英国的科学声誉也随之有很大提高。为了纪念电磁感应发现100周年,1931年在伦敦举行了盛大的庆祝活动。

三、杰出的科学想象力——"场"概念的提出

在上述实验基础上,法拉第又进一步思考如何用实验来显示这种磁力。1831年11月24日在皇家学会法拉第给出了一个演示磁铁周围磁力分布的实验。他在一张薄纸上撒上铁粉,紧贴纸片下方放一根条形磁铁,用手轻轻敲弹纸片,上面的铁粉就形成有规则的曲

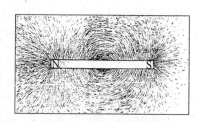

图 3-9 法拉第《电的实验研究》第3卷中的铁屑显示磁力线的实验(取自[3],p137)

线分布(见图3-9),这些曲线被称为磁力线(现又称磁感应线)。磁力线的密集程度反映了磁力的强弱,越密处磁力越强,两者成正比。磁力线的切线方向是磁力方向,即磁针(北极)的指向。实验也表明在通电导线和通电线圈周围都有相应的磁力线分布,磁针在它们周围同样受到磁力作用。这充分说明布满磁力线的空间是一个物理空间。由此,在上述两个电磁感应实验中,产生感应电流的根本原因是由于通过线圈的磁力线发生变化,或者是相对磁棒运动的线圈切割磁力线的结果。

在上述实验基础上,善于思考、富有想象力的法拉第提出了他的新观点。在1832年3月12日,他写了一封密信,实是一份文件,题名为"新观点",要求封存在皇家学院。新观点的内容如下：[2],p227;[1],p158

> 最近我用"电的实验研究"这个题目,向皇家学院宣读了两篇论文。把其中的一些研究成果和由此提出的观点,同其他想法和实验联系在一起考虑,使我相信磁的作用是渐进的,是需要时间的;也就是说,当一块磁铁对远处的磁铁或铁块发生作用的时候,作用力的起因(我暂时把它叫做磁性)逐渐从磁性物体向外传,它的传播需要时间,将来或许会发现,这样的推断是很合理的。
>
> 我也想,有理由假设,电(势)的感应也是用类似的渐进方式进行的。
>
> 我倾向于把磁力的从磁极向外传播比作受扰动的水面的振动,或者比作声音现象中空气的振动;也就是说,我倾向于认为,振动理论将适用于电和磁的现象,正像它适用于声音,同时又很可能适用于光那样。
>
> 这些想法我希望能用实验实现,但是由于我的许多时间用在公务上,这些实验可能拖延时日。在实验进行的过程中,这些现象可能被他人首先观察到。我希望,通过把本文件存放在皇家学会的文件柜里,如果将来我的观点被实验证实,我就有权声明,在某一确定的日期,我已经有了这样的观点。就我所知,在

目前除我本人外，没人认识到或能够提出这样的观点。

> 迈·法拉第于皇家学院
> 1832 年 3 月 12 日

在这封密信中，他不仅明确提出磁力不是超距作用，是近距作用，敢于与当时英国科学界普遍认同的力的超距作用挑战；而且他提出磁力是以振动的方式向外传播，像声音和光的传播一样。这封密信一直到 1938 年才被发现和拆开，引起科学界震惊。

由此可见，早在 1865 年麦克斯韦从理论上预言电磁波之前，法拉第已预言了电磁波的可能性，并且提出了这种电磁波与光波的类似性，这是多么了不起的预言！

事实上，不仅对磁力，法拉第认为电荷之间相互作用的电力（库仑力）也不是超距作用，也需要一定的传播时间，当然与磁力传播一样时间非常短。像磁极一样在电荷周围也有电力线分布，即电荷周围也是物理空间。这里不作仔细研究。

在 1832 年以后，法拉第更是埋头实验室工作，且更多地把精力用在"电的实验研究"方面，但是由于长期工作劳累，他常感到疲劳、头晕、记忆力衰退，在 1840 年他病情严重，患上神经衰弱症。发病时记忆力甚至差到记不得从头到尾一句完整的话，手抽筋发抖甚至难以完整写完一封信，以致很长时间无法工作，直到 1845 年他的病情才有大的好转。1939 年法拉第的重要著作《电学实验研究》第一卷出版，生病的这段时间他还是坚持为第二卷的出版作准备工作，并于 1844 年出版了《电学实验研究》的第二卷。第三卷直到 1855 年才出版，间隔较长。这部包含三卷本的巨著，汇集了法拉第在电、磁、光等方面的研究成果，凝聚了他的毕生心血，是法拉第留给后人的最宝贵的财富。

在一系列实验基础上，极具科学想象力的法拉第于 1845 年明确提出布满磁力线的物理空间为"磁场"。尽管磁场看不见、摸不着，但它是实实在在存在的，磁体之间、磁体与电流之间以及电流之间的相互作用都是通过"磁场"传递的。同样，带电体间相互作用是通过"电场"来传递的。"场"概念的引入可以非常简单、直观地对上述一些用牛顿力学无法解释的电磁相互作用实验做出物理解释。

如对奥斯特实验,利用牛顿力学无法解释通电导线能对磁针产生一种新的旋转力,使之转动。因为按照牛顿力学,两物体间的相互作用力应在它们的连线上,且不需要时间(超距作用)。实际是因为在通电导线周围产生了磁场,是磁作用力使磁针发生旋转,而且后来电磁波的实验也确实证明电磁力不是超距作用。同样,对法拉第的电磁感应实验,牛顿力学也无法做出解释。在电磁感应实验中,我们讲的"磁力"的变化,正是来自"磁场"的变化。所以引入"场"概念后,法拉第的电磁感应可简述为:由于通过线圈的磁场随时间的变化在其周围产生了电场。在这种感应电场(又称"感应电动势")的作用下,使线圈中产生了相应的感应电流。

20世纪最伟大的物理学家爱因斯坦对"场"概念给予了高度评价:"这是自牛顿时代以来最重要的发明。……这需要很大的科学想象力才能理解。"[7],p180 因为场概念是高度创新思维的产物,颠覆了传统概念,富有革命性,所以遭到不少人的怀疑和反对。遭到反对的另一原因是因为法拉第尽管实验水平高超,但自小缺乏数学基础,所以无法像牛顿力学能够给出物体在受力下的运动方程一样,用数学语言从理论上来描写"场"的运动变化,从而使"场"的理论更有说服力。

科学发展自有后来人。伟大的物理学家麦克斯韦(1831—1879)1831年6月13日生于爱丁堡,父亲是爱丁堡大学建筑学教授。麦克斯韦自幼热爱数学,在爱丁堡大学毕业后,又进入剑桥大学深造,1852年成为剑桥大学三一学院的研究员。他读了法拉第的《电学实验研究》一书后,被一系列精彩的实验和充满想象力的场和力线的新颖观点所吸引,并深感"场"概念的革命性。但他同时也感到美中不足的是理论上缺乏严格的数学描述。在1856年以后,他以法拉第的工作为出发点,对法拉第等前辈科学家的工作加以总结和提高,于1865年成功地用精确的数学语言给出了描写电磁场运动的基本方程,因为用到4个联立方程,称为麦克斯韦方程组。根据这个方程组麦克斯韦预言了电磁波的存在,并且从理论上导出在真空中电磁波的传播速度即为光速,所以提出了光是电磁波的论断,使电、磁、光都统一起来。

电磁波是如何产生的呢?电磁波实际是交变电磁场从振源向远处的传播。由法拉第电磁感应实验可知磁场的变化可在其周围产生电场,同样麦克斯韦鉴于电磁的统一性提出电场的变化也能在其周围产生磁场的重要假设,于是通过电磁场的不断交替变化和产生形成向外传播的电磁波(见图3-10)。特别要指出的是,当产生电磁波的振源消失后,已产生的电磁波仍在向外传播,直到它被接收或传播过程中它的能量完全损失为止。可见电场、磁场可脱离产生源,类似通常的物体,能带着能量在空间传播出去。平时收听的广播、收看的电视、手机上的短信等,都是通过电磁波传送的。电磁波的存在,也证实了法拉第所提出的电磁相互作用是近距作用的观点是完全正确的。

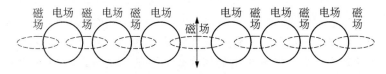

图3-10　电磁波的形成和传播

麦克斯韦的电磁场理论同样新颖、富有创造性。他预言的电磁波是否存在呢?这必须要依靠实验来检验。30年后的1886年10月,德国物理学家赫兹(H. R. Hertz,1857—1894)用实验证实了电磁波的存在。另外,赫兹还证明了电磁波不仅传播速度与光速相同,还具有类似光的特性,如反射、折射、衍射、偏振等,完全证实了麦克斯韦的预言,有力证明了麦克斯韦理论和法拉第"场"概念的正确性和革命性。遗憾的是,法拉第和麦克斯韦两人都没有看到电磁场理论的最终胜利。

§3.4 伟大的人格力量

一、热心公众事业的伟人

在1813年1月戴维会见法拉第时,法拉第曾说过:"哲学家都有高尚的道德感情。"他这样说,也这样做。除科研外,只要对国家对民众有利的事他都会非常热心、负责地去做。

> 自然的伟大,就在于充满了美好,而伟大的现象会经常在小事里出现。
> ——德国文学家歌德(1749—1832)[8],p194
>
> **心语** 凡成大事者必从小事做起,真正的伟人他们总是把自己看作普通的人、平凡的人。正是从小事做起,才成就了大事业的成功。

早在他作戴维助手时,就帮助戴维造出了在煤矿中使用的安全矿灯,避免了矿灯里的火焰引起瓦斯爆炸的危险,促进了英国煤矿工业的大发展,被认为是英国历史上的一件大事。后来法拉第在皇家学院任实验室主任和院务主任职位时,他被聘为英国专门管理灯塔、领港等事务的海务局的科学顾问,为改进灯塔的照明设施做了不少工作,有时他还会亲自到各地海岸检查灯塔工作情况。直到1865年他在辞去皇家学院职务的同时,才辞去了海务局的工作。同时法拉第还应政府其他部门的邀请,关心一些与民众利益有关的其他事情,比如如何保护伦敦的博物馆里珍藏的名画不受空气污染的损害,怎样保护泰晤士河的水质清洁免受污染等。

法拉第不但是一位伟大的科学家,也是一位待人亲切、温和谦恭的人,是一位热心的科学普及家,他像戴维一样是一位出色的通俗科学演讲人。在1825年他担任实验室主任后不久,就发起举办"星期五晚间讨论会"。每个周五晚上他都会先请一些专家作主讲,题目涉及各个科学领域,中途允许插话和提问,然后作些研讨,甚至可以辩论。院内、院外的学者及热心科学的人士都可参加。为了办好这个讨论会,法拉第花费了许多精力,不断提高自己的讲演艺术。从1825

年到1862年退休,法拉第一共主讲了100多次,物理和化学是主要内容。只要他演讲,皇家学院的演讲大厅就挤得水泄不通。人们在听了他的演讲,看了他的演示实验,常会问这些知识有什么用。有一次,一位财政大臣格拉斯通(Glastone)到皇家学院听了法拉第的讲演后,临走时问他"这一切有什么用?"法拉第风趣地回答他说:"部长先生,说不定过不了多久,你能够抽它的税呢!"[2],p286

除了讨论会,自1826年开始法拉第还在皇家学院发起在每年圣诞放假期间为少年儿童举办"圣诞节少年科学讲座",为少年听众作科学普及教育,自小培养他们热爱科学。法拉第自己没有孩子,但他对孩子有着强烈的爱。法拉第本人一共讲了19个圣诞节。每次他的演讲都像一个欢乐的集会,常常是家长们带领孩子蜂拥来到讲演大厅,有时过道上也坐满了人。1855年12月27日,维多利亚女王的丈夫阿尔伯特亲王带着他的两个儿子来听法拉第的关于化学的系列圣诞演讲。听后,14岁的长子深受启发,特写信向法拉第表示感谢,信中写道:"你的演讲极其有趣,我听了很有收获,谨向你表示感谢。……我在开始学习化学的时候,能够得到你这样杰出的学者帮助,十分荣幸。我向你保证,我将怀着极其愉快的心情,永远珍惜这一宝贵的回忆。"这位王子对化学产生了很大兴趣,三年后他来到爱丁堡大学学习化学。

图3-11 法拉第正在"圣诞节少年科学讲座"上为儿童作演讲

1860年,69岁的法拉第根据他在圣诞节所作的系列专题讲座整理出版了科普读物《蜡烛的化学史话》。这本著名的科普读物内容生动有趣,后被翻译成世界各国文字(也有中译本)。

二、生命不息,研究不止

在19世纪50年代,法拉第已六十开外,由于长期劳累、身体衰弱,尤其是记忆力衰退,但他仍坚持为公众作讲演、坚持做实验研究、记实验日记和整理发表著作。1862年6月20日,71岁的法拉第在"星期五晚间讨论会"上作了最后一次讲演。他的最后一次实验也是1862年做的,1862年3月12日,他写下了最后一条实验日记(编号"16041")。法拉第于1859年出版了他的又一重要著作《化学和物理学实验研究》,总结了他在化学和物理学方面的重要发现。在1859年和1860年还分别出版了科普读物《自然的力》和前面提到的《蜡烛的化学史话》。直到1865年,由于记忆力严重衰退,他才辞去皇家学院的实验室主任和院务主任的职务。1867年法拉第去世,终年76岁。

三、做一个"平凡的法拉第"

法拉第的高尚品德还表现在他淡泊名利、执著追求科学真理的伟大精神。

由于高超的实验技术,许多商界人士来找他做一些技术工作,但他总是拒绝那些有丰厚报酬(大大高出他的年薪)的商业性技术研究。在他看来,全心投入对科学真理的探索,从中得到无穷的快乐,获得的价值要比金钱高数倍。法拉第的经济情况并不宽裕,夫妇俩在皇家学院楼上两间屋子里过着简朴的生活,100镑年薪已足够开销。1835年,政府为表彰他对科学所做出的贡献,要授予他每年300镑的薪俸,法拉第表示了拒绝。后来他在亲友们的再三劝说下,才勉强接受了这笔薪俸。但接受这笔薪俸后,法拉第认为在科学研究以外他应更加努力为政府和公众服务,他这样想,也这样做(正如前文介绍)。他还常用多余的钱去帮助亲友和教会中的穷苦教友,或者捐给慈善机构。有时怕别人不好意思收下,他会暗中把钱寄去,却不留姓名和地址。

政府除了对法拉第发放薪俸外,还打算封他为爵士,多次遭到法

拉第的拒绝,法拉第回答说他"出身平民,不想变成贵族"。[2],p268

1857年英国皇家学会会长罗特斯利勋爵辞职,学会学术委员会一致认为应由德高望重的法拉第教授来继任会长。尽管好友再三劝说,他总是婉言拒绝,他的回答是"我是个普通人,我必须保持平凡的法拉第以终"。[5],p601 几年后皇家学院院长去世,学院理事会又想请法拉第出任院长,但法拉第再次谢绝了朋友们的好意。

法拉第是铁匠的儿子,他成名后并没有忘记自己的贫苦出身。他当过报童,当他在街上行走时,看到卖报的儿童走过身旁,他会停下脚步对他们特别亲切说几句话,或故意多买几张。他当过订书匠,晚年他还用自己苍老的手把40年的实验日记全部装订成册,赠给皇家学院。法拉第的日记共七卷,在1932年到1936年间陆续全部出版。

1867年2月25日法拉第安详地离开人世。生前是个普通人,死后仍是个普通人,按照法拉第的遗愿,他被安葬在伦敦北部的海格特公墓,只有他的几个亲人参加葬礼,普通的墓碑上简单地刻着他的名字"迈克尔·法拉第"。

§3.5 电磁波在现代技术中的应用

法拉第发现了电磁转动和电磁感应,为电动机、变压器和发电机的制造奠定了基础和提供了模型。随着这些电气设备在商业上的制造成功,世界进入电气化时代,法拉第的名字也变得家喻户晓。麦克斯韦基于法拉第的"场"概念给出了描写电磁场运动的联立方程,从理论上预言了电磁波。赫兹从实验上发现了电磁波的存在,很快电磁波的应用迅速发展,世界面貌随之发生了重大改变。本节重点介绍电磁波在现代通信、遥感、材料分析及医学技术中的应用。

一、通信技术的革命

实验发现无线电波、红外线、可见光、紫外线以及X射线和γ射线都属于电磁波,波长从长到短(相应频率从低到高)可相差18个数量级

(见表 3-1)。波长 λ 与频率 ν 间有关系式 νλ = c(光速)。

表 3-1 电磁波谱

	名称	波长范围	频率范围
	γ 射线	10^{-4} 纳米~0.01 纳米	$3\times10^7 \sim 3\times10^9$ 太赫
	X 射线	0.01 纳米~10 纳米	$3\times10^4 \sim 3\times10^7$ 太赫
	紫外线	10 纳米~0.4 微米	$750 \sim 3\times10^4$ 太赫
	可见光	0.4~0.8 微米	375~750 太赫
红外线	近红外	0.8~1.3 微米	230~375 太赫
	短波红外	1.3~3 微米	100~230 太赫
	中红外	3~8 微米	38~100 太赫
	热红外	8~14 微米	22~38 太赫
	远红外	14 微米~1 毫米	0.3~22 太赫
电波	亚毫米波	0.1~1 毫米	0.3~3 太赫
	微波 毫米波(EHF)	1~10 毫米	30~300 吉赫
	微波 厘米波(SHF)	1~10 厘米	3~30 吉赫
	微波 分米波(UHF)	0.1~1 米	0.3~3 吉赫
	超短波(VHF)	1~10 米	30~300 兆赫
	短波(HF)	10~100 米	3~30 兆赫
	中波(MF)	0.1~1 千米	0.3~3 兆赫
	长波(LF)	1~10 千米	30~300 千赫
	超长波(VLF)	10~100 千米	3~30 千赫

波长不同的电磁波有不同的产生机制,有不同的特性,因而有不同的应用。无线电波是通过电容器 C 和自感线圈 L 构成的 LC 振荡电路产生,属电子学研究内容。红外线、可见光、紫外线和 X 射线是由组成物质的原子中发射出来的。而波长最短的 γ 射线是由原子核所发射的。对如何激发原子和激发原子核,使它们能发射相应的各种谱线,有兴趣的读者可见参考资料[6]中第四章。

在赫兹宣布他发现电磁波不到 6 年,意大利大学刚毕业的青年马可尼与俄罗斯的波波夫分别实现了电磁波的远距离传送,不久无线电通信走向全球。在通信技术中主要是应用无线电波范围。

超长波主要应用于潜艇和远洋航行的水下通信。因实验表明无线电波在水中衰减大,且波长越短衰减越厉害,所以水下通信用长波合适。

中波是大家熟悉的波段,国际电信联盟规定中波段中 526.5~1 605.2 千赫专供无线电广播用,这正是我们平时收听国内广播的波段。

由于波长短,直线传播性能好,地球又是球形,所以短波通信主要通过电离层(离地面 60 千米上空)的反射来实现。经过电离层和地面的多次连续反射,可传播很远,所以可收听到国际广播。但由于电离层中电子密度与太阳辐射强弱密切有关,所以一天中变化大,造成短波通信不稳定。

超短波(VHF)和微波段主要用于电视、移动通信和雷达。由于波长非常短,主要靠在空间的直线传播。因为电视传送的不仅有声音,还要有图像,所以每个台要有相当大的频率宽度,加上要包含大量频道,且相互间频宽不互相重叠,所以与声音广播相比,电视信号在更高频区,即在更短的超短波和分米波(UHF)波段。目前我国使用的手机频段主要在 900 兆赫(0.9 吉赫),即分米波段。由于微波波长更短,可穿过电离层而不反射,所以适用通信卫星和地面间的通信。(更详细的介绍可见参考资料[6]中§3.6。)

二、遥感技术的应用

遥感技术是一种远离目标,通过非直接接触而对目标物进行测量和识别的信息技术。在遥感技术中应用的正是电磁波。因为各种物体有吸收电磁波的本领,同时也有反射和辐射电磁波的本领,但不同物体的光谱特征不一样,即吸收、反射和辐射电磁波的波长不一样。遥感技术的基本原理就是基于这个特征。遥感技术主要通过安装在地面或飞机、卫星、航天飞机等运载工具上的遥感器,接收和记录遥感目标(如大气和各类地表等)反射或辐射来的电磁波信息,然后通过计算机数据处理来获得目标物的信息特征。所以遥感技术是一门集物理、电子、计算机和空间技术等领域的综合性的高新技术,在现代信息技术中有广泛应用。例如,它可用于探测地表和海洋的自然环境、各种灾情情况(如森林火灾、水灾、农田病虫害等);探查地下自然资源(石油、天然气、矿藏等);监测大气环境,从云图中获取气象信息;进行地形测绘和军事侦察等。近代,人类更是通过卫星发射,利用遥感技术实现了对月球、金星、木星和火星等星球的周围环境观测,为天体研究提供了极其宝贵的资料。

遥感技术中通常使用的电磁波有可见光、红外线和微波3种。可见光遥感得到的图像清晰、易判读,但夜间无法使用。于是,红外遥感就迅速发展起来,白天和黑夜都能工作,但红外易被大气云层吸收,受气候影响较大。20世纪70年代发展起来的微波遥感,它不仅白天、黑夜都能工作,而且由于具有较强穿透能力易穿过云层和电离层,受气候影响小以及还能穿透地表植被获取更多遥感信息。

遥感技术按工作方法可分为两类:主动遥感和被动遥感。主动遥感是通过雷达、辐射计等向目标物发出电磁波,然后接收其反射回来的电磁波信号来获得信息。目前雷达在民用和军事方面的应用已相当普遍。被动遥感指遥感器直接接收从目标物对太阳光的反射以及目标物自身辐射出来的电磁波,包括红外辐射,所以夜间也可进行接收和测量。

图3-12是我国气象卫星"风云二号"A星所获得的图像清晰的台风(红外)云图。目前,我国自行研制的高分辨率扫描辐射计所获得的可见光云图和红外云图的质量均达到国际先进水平。(在参考资料[6]§6.6

图3-12 "风云二号"A星于1997年8月18日获取的台风(红外)云图(图片来源:上海卫星工程研究所)

中有遥感技术的较详细介绍。)

三、材料和人体中微量元素的分析技术

波长更短的 X 射线和 γ 射线在许多领域有广泛应用,其中 γ 射线在材料分析和医学上的应用将在本书的 §4.5 中介绍。本节主要介绍 X 射线的应用,尤其是在材料分析和医学方面的应用。

前面已指出 X 射线由原子所发射,但不同于红外、紫外和可见光光谱的发射,它的波长短得多。X 射线具有其他谱线没有的重要特征,表现在不同元素的原子各有自己特定的 X 射线谱,即某种原子所发射的一系列分立波长的 X 射线谱不会与其他原子的 X 射线谱相混淆,因此可以用来表征这种原子,作为元素的"指纹",故称 X 射线为特征辐射。

通过对某种材料所发射的 X 射线的测量和分析可知这种材料中包含哪几种原子,即进行材料成分的分析。除了进行材料成分分析外,还可用于生命科学对人体中微量元素进行分析,这种分析非常重要,因为人体中某种微量元素过多或过少都会对健康不利而引起疾病。

例如:病人与正常人头发中微量元素含量的比较,可对疾病的诊断和治疗很有价值。如分析表明正常儿童头发中铜和锌的含量是低能弱智儿童的 5 倍之多。又如陕西省永寿县是大骨节病发病率很高的地区,通过对患病儿童头发的分析,发现不少元素(如硫、铜、硒)的含量要比健康儿童少,而某些元素(如铁、锰)则偏多;再分析当地水质,发现与其他非发病区相比,确实正是硫、铜、硒含量少和铁、锰含量多,两者完全一致。这就为当地居民的防病和治病提供了重要依据。经过对病人施以含硒药物的治疗取得了显著疗效,可见所缺微量元素中硒的含量对此种病起了重要作用。X 射线谱如何产生及其应用的较详细介绍可见参考资料[6]中 §4.3 和 §4.5。

参考资料

[1] [美]约瑟夫·阿盖西著,鲁旭东,康立伟译. 法拉第传. 北京:商务印书馆,

2002年.
［2］秦关根.法拉第.北京:中国青年出版社,2010年.
［3］[美]威廉·H.克劳普尔著,中国科大物理系翻译组译.伟大的物理学家——从伽利略到霍金物理学泰斗们的生平和时代(上).北京:当代世界出版社,2007年.
［4］[美]埃米里奥·赛格雷著,陈以鸿等译.从落体到无线电波——经典物理学家和他们的发现.上海:上海科学技术文献出版社,1990年.
［5］路甬祥.创新辉煌:科学大师的青年时代(下册).北京:科学出版社,2001年.
［6］倪光炯等.改变世界的物理学(第四版).上海:复旦大学出版社,2015年.
［7］[美]A.爱因斯坦,[波兰]L.英费尔德著,周肇威译.物理学的进化.上海:上海科学技术出版社,1979年.
［8］程帆.名人名言(学生版).长沙:湖南教育出版社,2011年.
［9］[美]爱因斯坦著.许良英等编译.爱因斯坦文集(第一卷).北京:商务印书馆,1976年.

第4章
不向命运低头的居里夫人

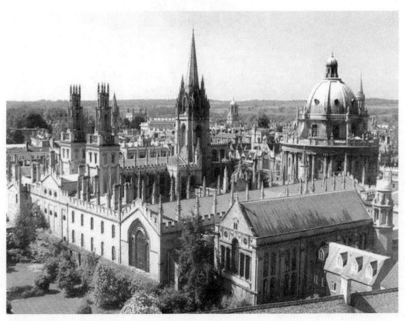

法国巴黎大学,这是居里夫人实现梦想、开始新生活的地方

"她一生中最伟大的科学功绩——证明放射性元素的存在并把它们分离出来——所以能取得,不仅是靠着大胆的直觉,而且也靠着在难以想象的极端困难情况下工作的热忱和顽强,这样的困难在实验科学的历史上是罕见的。"

爱因斯坦(《爱因斯坦全集(第一卷)》,p339)

第4章

不向命运低头的居里夫人

在近代科学史上居里夫人的名字家喻户晓。她把一生献给了她无限热爱的科学事业,献给了为全人类造福。为了表彰她的功绩,她成为世界上第一位两度荣获诺贝尔奖(一次物理学,一次化学)的科学家。她还是巴黎大学第一位女教授,法国科学院第一位女院士。一生中共获 7 个国家 26 项奖金和奖章。

纵观她的一生,我们可以看到:在学习上,不论在任何艰难的环境和条件下,她始终保持强烈的求知欲和勤奋刻苦的学习精神;在科研上,把科学造福人类作为自己的天职,为达目标她具有战胜一切困难的顽强意志、坚韧毅力和奋力拼搏的精神;在人品上,她性格坚强,永不低头,严于律己,对人真挚,身在异乡,心系祖国,不谋私利,一生奉献。这些高尚品质更是让世人敬仰。

§4.1 青少年时期的爱国心和求学梦

一、良好的家庭教育

居里夫人(玛丽·斯可罗多夫斯基)在 1867 年 11 月 7 日出生于波兰华沙的一个知识分子家庭。家中她最小,大姐 14 岁时不幸病逝,她还有一个哥哥和两个姐姐,大哥约瑟夫,二姐布罗妮雅,三姐海拉。她本人在入大学前叫玛妮雅,入大学的注册单上用法文写的是玛丽·斯可罗多夫斯基。父亲曾就读于俄国圣彼得堡大学,知识渊博,尤其热爱科学知识,毕业后回到祖国,在华沙一所大学预科学校担任物理和数学教师,母亲曾是一所女子学校校长。他们的双亲,从小就重视培养孩子们对学习的兴趣和对科学的热爱。他们的父亲不仅自己不断看书学习新的知识,更是注重常给孩子们讲述大自然的奥秘,激发孩子们的求知欲望。不幸的是,她的母亲在玛丽出生时已患上肺结核,以后几年里虽经多方医治,病情还是日益加重。1876 年大女儿的不幸早逝,更是令她悲痛欲绝,病情加重。1878 年 5 月 9

日年仅42岁的母亲撒手人寰,当时玛丽只有10岁。

从玛丽记事起,她记得母亲最多是用轻柔的手指抚摸她的前额,从没拥吻过她。长大后她才知道母亲怕把肺结核传染给孩子们,所以平时餐具分开,也从不亲吻孩子们,而且总是将孩子们赶到花园中去玩。生病的母亲辞去了工作,全家只靠父亲一人支撑,但是母亲很坚强,她无法到户外劳动,就学习鞋匠手艺,为全家做鞋子,以减少家庭支出。母亲临终前,在家人面前她始终很平和,不断向家人祝福,最后用微弱的声音说了一句"我爱你们。"母亲的温情善良、对家人的关心和爱护,为孩子们做出了榜样,失去了善良母亲的这个家庭永远保持着和谐、友爱和团结的氛围。

母亲去世后,父亲并没因此消沉,而是继续全身心投入工作以及对孩子们的教育上。每个周末夜晚,孩子们都会围在父亲膝下。除了科学知识,父亲也很喜欢文学,他常为孩子们朗诵祖国波兰的著名诗歌和散文。在沙皇统治下,在学校中老师不能讲波兰语,更听不到讲述波兰文学,所以父亲的朗诵让孩子们都听得津津有味,不知不觉中爱国主义的种子播撒在孩子们的心中。玛丽少年时很喜爱诗歌,喜欢读外国文学,很早她就开始学习外语,逐渐掌握了法、德、俄、英几国文字,可以阅读用这些文字写的书籍。[1],p7

二、强烈的爱国心

小玛丽4岁就显露出很强的求知欲和惊人的记忆力,6岁进入私立寄宿学校。她是班里年龄最小的学生,但是各科成绩,包括算术、历史、文学、法文全是第一,老师和同学都感到惊讶。可是在俄国沙皇统治下,孩子们必须学俄语说俄语,有的孩子甚至连母语都说不利索。学习内容是俄国人规定的教材,尤其不允许学生读波兰历史。个别富有爱国心的波兰老师,只能偷偷地用波兰语为学生讲述波兰历史,深怕被俄国督学发现。

由于经济条件不好,后来她只能转到公立学校求学。在俄国统治下,公立学校里更是由俄国人领导,没有波兰教师,所有课程都由俄国教师用俄语讲授。学校对学生的控制更严格,处罚更严厉,企图从小压制波兰人民民族意识的觉醒。

在中学时,玛丽也总是全班第一,班上不同血统的同学都对她十分钦佩,但她却遭到俄国教师和管理人员的敌视。这种欺凌和压抑,更是激发了玛丽和波兰青少年强烈的爱国热情和对沙皇统治的愤恨。

> 我国著名核物理学家,"两弹一星"功勋奖章获得者王淦昌院士(1907—1998)经常鼓励年轻一代要为国争光。他说:"皮之不存,毛将焉附,我们要把个人与祖国紧紧地联系在一起。"并倡导"以身许国、敢为人先、严谨求实"的科学精神。*
>
> **心语** "把个人和祖国紧紧地联系在一起"给了这些科学家无穷的力量。他们有理想、有抱负。他们献身科学、报效祖国,历史将永远记住他们。

在上中学时,玛丽经常和她的好友卡霁雅相约一起上学,路上要经过著名的萨克斯宫的萨克斯广场。有一次刚走过广场,玛丽突然对好友大喊一声:"我们走过了'纪念碑',必须马上回到那里去!"原来在萨克斯广场中间,竖着一块围有4只狮子的"纪念碑",上面刻着大字"纪念忠君的波兰人"。这是沙皇给那些奴颜婢膝的波兰人的"礼物"。玛丽同她的好友和许多波兰人一样,经过它时总要对它吐上一口唾沫,忘记了就将是一个不可宽恕的过失。所以在玛丽一声大喊后,她俩马上回去补上唾沫。[2],p41

三、坚定的求学梦

1883年6月12日,刚满15岁的玛丽以第一名的成绩从克拉克区公立女子高级中学毕业。在毕业典礼上,玛丽代表毕业生致谢词。凭她优异成绩,进入大学毫无问题。但是俄国的统治剥夺了波兰女子受高等教育的权利,大学只招男生,玛丽失去了在波兰继续深造的权利。她深知要继续求学就必须离开波兰到国外求学,她暗下决心要去法国巴黎。当时的法国珍视自由,欢迎所有不幸和受迫害的

---

* 摘自《现代物理知识》,2007年第3期,p56。

人们去那里学习。

在沙皇统治下,玛丽和其他爱国青年都认为,要实现使祖国重获自由,首先要拥有丰富的知识,要培养良好的素质。玛丽深切感到"在社会中,若每一个人得不到很好的教育,不具备良好的素质,是不可能建立一个美好社会的。为了达到这一美好的目的,每个人都必须完善自己,并共同来分担社会责任,尽其全力投入到自己所从事的工作中去,最有效地去帮助别人。这样,我们的社会必将会走向进步,走向美好。"[1],p13 可见,玛丽强烈的求知欲,不只是她的热爱科学、渴求知识的父亲对她的影响,更在于她有强烈的爱国之心和社会责任感。她要深造继续得到良好的教育,正是为了她能为祖国更好地效力,为了祖国人民有一个美好的未来,这是一颗多么纯洁和高尚的心。后来,居里夫人以她的实际行动实现了自己的诺言。

由于家境困难,中学毕业后的玛丽没能马上去巴黎求学。尤其感人的是,天性爱家的玛丽深知姐姐布罗妮雅最大的愿望是到巴黎学医,学成回波兰在乡间开业。可是在国外留学的费用很大,需要有人不断供给。为此,姐姐内心很痛苦。姊妹情深的玛丽一心想帮助姐姐实现这个愿望。于是,生性总是先人后己的玛丽直接向姐姐提出她的想法:"我们可以联合起来。如果我们各自奋斗,那就谁也不能离开波兰;而按照我的计划,到秋天——只要过几个月——你就可以上路了。""开始时,你用你自己的钱;以后我会设法给你寄钱去,父亲也会寄。同时我也为自己将来去求学攒钱。等到你当医生的时候,就轮到我走了。那时你再来帮助我。"布罗妮雅听后非常感动,眼里噙满泪水,开始时她还是拒绝了,对玛丽说:"为什么应该我先走?为什么不换过来?你的天资这样好……"玛丽马上回答:"啊!布罗妮雅,不要糊涂!因为你已经20岁了,而我才17岁。因为你已经等了很久,而我还有时间。父亲的意思也是这样,当然是大的先走。"[2],p65 终于布罗妮雅被说服了,很快感情深厚的姐妹暂时分离,布罗妮雅到了巴黎大学文理学院就读。玛丽选择了家庭教师的工作,一方面可以帮助年迈的父亲照顾家庭,另一方面又可以帮助姐姐在外国留学,同时也能为自己将来留学攒钱,这是一个长期打算。

第4章 不向命运低头的居里夫人

在多年的家教中,给居里夫人留下深刻印象的是她在自传中所回忆的她生活了3年的那家人家。男主人是个农庄主,玛丽需要为一个10岁的小男孩安吉和与自己年龄相仿的姐姐波兰卡授课。玛丽与他们相处甚欢,每天上完课就一起散步,成了好朋友。玛丽每天给他们上7小时课,其中为安吉上4小时,为波兰卡上3小时。每天教课之余,她还在波兰卡的帮助下,把村子里在俄国人统治下没法求学、不识字的一些仆人、农民、工人的孩子(最多时达18人)编成一个班,用波兰课本教他们读书识字,学习自己的民族语言和民族历史,每天两个小时。玛丽知道这样做有危险,一旦被沙皇统治者发现,很有可能被捕入狱或流放西伯利亚,但是她对这些贫苦人家的孩子的爱心,以及她的爱国热情和知识救国的思想占了上风。

每天晚上一般要到九点,玛丽才能安下心来专心读书学习,为出国留学做准备。自学的过程中,她逐渐发现自己真正喜欢的还是数学和物理,并不是曾经很感兴趣的文学和社会学,于是她就主动朝数理方向发展。自学过程很艰难,但这吓不到意志坚定的玛丽。她在自传中写道:"在自学过程中,困难重重,有一些困难是自己未曾料想到的。我在中学所学的东西很不完整,与法国中学相比差距很大。为了缩小差距,我便自己选择一些书籍来自修。这种方法虽不很理想,却不

图4-1 斯可罗多夫斯基和他的3个女儿(1890年),自左至右为玛丽、布罗妮雅和海拉

无成效。除了学到了一些对日后有所裨益的知识之外,我还养成了独立思考的习惯。"[1],p11 显然这几年的自学经历,大大提高了她自学和思考的能力,对日后取得巨大成功很有帮助。

艰苦奋斗的8年终于过去了,1891年9月,24岁的玛丽终于实现

了多年来魂牵梦绕的夙愿。她买了一张最便宜的四等车厢的车票,从华沙坐火车赴巴黎求学,受到姐姐和姐夫的热情欢迎。当年11月玛丽进入巴黎大学理学院物理系,从此,她开始了新的异常艰难的生活历程。

§4.2 艰苦生活、奋发学习的巴黎求学时期

一、异常艰苦的大学生活

为了能节省时间学习,加上经济拮据,玛丽在学校附近租了七层顶楼的一间狭小阁楼。屋内条件很差,尤其冬天特别冷,取暖炉又小,屋子里怎么也烧不暖和,脸盆中的水夜晚会结冰。晚上睡觉实在太冷时,玛丽就打开带来的一只大木箱,把所有衣服都取出来,穿上一部分,并把多余的再堆在被子上。有时甚至会把唯一的一张椅子再压在成堆的衣服上以此取暖。[2],p130 为了省钱和省时间,玛丽常常只吃一点抹了黄油的面包外加一杯茶,偶尔才能吃上鸡蛋、巧克力糖和水果。有一次,仅有的一双鞋底已有几个破洞的鞋子不得不换了,玛丽只好节省食物和灯油,才勉强买上一双新鞋。

对待这样的困苦生活,酷爱知识的玛丽却感到很是快乐。在她的自传中回忆这段经历时说,"在别人看来,我过的日子未免过于艰苦,但我却自得其乐,每天都心情愉快地埋头于学习之中。这段生活经历也让我充分地体会到自由与独立精神弥足珍贵。"[1],p15

这样的生活条件和饮食状况,没几个月下来玛丽就患了贫血。加上每天晚上她都要学习到凌晨才上床休息,所以她常常头晕。有一天,玛丽终于晕倒在同学面前,医生诊断是体质太衰弱的缘故。她的姐姐和姐夫非常心痛,她在姐姐家休养了几天,体力有所恢复,为了准备快要举行的期末考试,她谢绝了姐姐的挽留,重新回到她的顶楼小屋。对于这几年的艰苦生活,她姐夫戏谑地把这段时间说成"我小姨子一生中最英勇顽强的时期"。玛丽后来也说:"我自己也始终把这段时期的艰苦奋斗,视为我一生中最值得回忆的一个美好的时期。"[1],p17

二、永不满足的学习动力

刚到巴黎的玛丽在学习上遇到很大困难,即使她在华沙通过自学作了不少准备,但与法国学生相比,她还是自感差距不小,尤其是数学。为了弥补这种差距和尽快取得学士学位,她不得不付出巨大的努力。在大学生活中,她不听音乐、不看戏,没有任何娱乐活动。

> 立志、工作、成功是人类活动的三大要素。立志是事业的大门,工作是登堂入室的旅程,这旅程的尽头就有个成功在等待着,来庆祝你的努力结果。
> 法国微生物学家、化学家巴斯德(1822—1895)[5],p33
>
> **心语** "有志者,事竟成"。没有志向、没有理想的人,好比是没有动力的船,只能在大海中随波逐流;又好比是断了线的风筝,只能在空中摇摆落下。

她学习刻苦,每天晚上常常要学习到凌晨两三点钟,睡上四、五个小时就又要起床。学习新的知识是她最大的乐趣。她说:"每每学到新的东西,我便会兴奋、激动起来。科学奥秘如同一个新的世界渐渐地展现在我的面前,我因而也可以自由地学习它们、掌握它们,这真的让我非常开心。"[1],p16

在玛丽求读的系里没有波兰学生,但她很快与班上其他同学和睦相处、打成一片,相互讨论学习上的问题。在她的努力下,玛丽先后于1893年7月和1894年7月通过了物理与数学的学士考试,其中物理考试第一名、数学考试第二名,玛丽对自己取得的成绩颇为满意。终于,在3年内她实现了尽快完成大学学业的奋斗目标,达到了有能力进行科学研究的程度。但是玛丽深感有许多事情要做,正如她在毕业前给其哥哥的信中所写的,"我只惋惜一件事:日子太短,过得太快。一个人永远看不出完成了什么,只能看出

图4-2 年轻时的居里夫人

还应该做什么;而如果一个人不喜欢自己的工作,他就可能失去勇气。……我们任何一个人的生活似乎都不容易,但是那有什么关系?我们应该有恒心,尤其要有自信!我们必须相信,我们既然有做某种事情的天赋,那么无论如何都必须把这种事情做成。*"[2],p128)

三、有共同理想的终身伴侣

1894年年初,一个波兰人,瑞士福利堡大学物理教授科瓦尔斯基,带其夫人来巴黎做学术访问。在波兰做家教时玛丽曾与其夫人相识,所以他们一到巴黎就打听到玛丽,并进行了交谈。此时,玛丽正在该校李普曼教授实验室开展各种钢铁磁性的研究,这是因为李普曼教授赏识玛丽的智慧和能力,又了解她经济困难,所以介绍她为法国工业促进协会开展一项研究工作(可得一定酬金)。当科瓦尔斯基教授了解到玛丽在研究中碰到了实验室太小、研究设备放不下的困难后,立即为她介绍了他的朋友皮埃尔·居里(P. Curie, 1859—1906)教授。他是巴黎理化学校的实验室主任,年仅35岁,但他已发明了精确的天平——"居里天平",并在磁学研究方面发现了一个基本定律——"居里定律",另外在晶体理论的对称性研究方面也做出贡献,在法国以及英、德的学术界颇负盛名。在获知玛丽的困难后,皮埃尔立即答应帮忙。很快,学校同意让玛丽到他的实验室去做实验。

第一次见面,皮埃尔·居里就给玛丽留下了极好的印象。居里夫人回忆:"他身材修长,红棕色秀发,一双大眼睛清澈明亮。他神态飘逸,表情深沉而温柔。乍一见他,你会觉得他是一个沉浸在自己思绪之中的梦幻者。他对我表示出一种质朴而真诚的态度,似乎对我很有好感。"同样,皮埃尔也对初次见面的玛丽很有好感。玛丽问了他很多科学上的问题,并虚心听取他的意见。这名比他小8岁的波兰女子强烈的求知欲和理解力使他感到十分惊奇,并对她的谦虚求知态度表示出一种敬意。当皮埃尔看到玛丽的手指已经

---

* 重点号是原信中所加。

受损伤变形时,立刻明白这是实验室各种酸灼伤的结果,他深深感动。

玛丽被允许到皮埃尔实验室做钢铁磁性研究后,两人的接触日益增多。热爱科学、渴求知识、献身科学的梦想和决心把两颗相互爱慕之心紧紧联在了一起。1895年7月26日,两人在巴黎举行了婚礼。婚礼极为简单,两人甚至没有购置结婚礼服。在婚礼上玛丽的父亲对皮埃尔的父亲动情地说了一句发自内心的话:"你会发现玛丽是个值得我疼爱的女儿。自从她降生以来,她没有使我痛苦过。"([2],p152)

婚后,玛丽在实验室工作的同时还努力学习,于1896年8月以第一名的成绩通过了教师合格证书考试。1897年他们有了第一个女儿艾莱娜,但他们没停止实验室工作,白天在实验室干活时,就由皮埃尔的父亲照顾孙女,其他时间居里夫人没有耽误对女儿的照料。

图4-3 居里夫妇和大女儿艾莱娜

§4.3 罕见困难,顽强拼搏,从事放射性研究

1896年法国物理学家贝克勒尔(H. Becquerel,1852—1908)发现了铀盐具有放射性的特性,即铀盐能发射一种神秘的穿透性很强的射线,可以使底片感光,也可以使空气电离,引起验电器放电。他的发现引起了居里夫妇极大的兴趣。正在寻找博士论文课题的居里夫人,在丈夫支持下决定选这个一年前刚被发现的放射性研究作为论文题目。这种神秘射线从哪里来?除了铀盐外其他物质是否也有放射性?它们的强度能否比铀盐强?一连串问题无人知晓,这个课

题极具挑战性。自此，居里夫人再也没离开过这条新的科学研究之路，她顽强拼搏，战胜了一个又一个在实验科学史上罕见的困难，取得了巨大的成就。她把一生奉献给了放射性研究，直到病故。

一、第一个简陋实验室和钋、镭的发现

经皮埃尔向巴黎理化学校多次请求，他们终于得到在学校大楼底一间小"工作室"来做物理和化学的实验。它原来是间贮藏室，简陋不堪，夏天潮湿冒水，冬天寒冷透顶。工作室中设备条件也极差，没有适用的电气设备，也没有实验所需的必要材料。但是居里夫人并不气馁，这毕竟是一间她可以自由使用的工作室，是她实验生活的起点。经过努力，他们使这间简陋的工作室里可以使用灵敏的静电计等精密测量仪器来进行放射性测量。

居里夫人考虑到当时贝克勒尔正是由于定量测量困难，只能对放射性现象作定性描述，所以她首先抓住对新发现的射线的强度作精确定量测量，这正是她对放射性研究取得突破性进展的关键。由于射线的强度与它对空气的电离度的大小成正比，所以只要能测量电离所引起的极微弱的电流就可知放射性强度的大小。正好皮埃尔和他哥哥雅克·居里曾为研究其他问题发明了一种测量微弱电流的方法——石英晶体压电秤方法，即利用从微弱的电离电流所得到的电荷量在极灵敏的静电计中与压电石英晶体所产生的电荷量相平衡的方法来测量所得的电荷量。显然，微弱的电离电流与这个电荷量的大小成正比。

利用这种方法，居里夫人很快得到了极为重要的实验结果：铀盐所放出的射线与铀盐的组成情况及所处外界环境（光照和温度等）无关。任何铀盐中只要所含铀元素越多，它的放射性强度就越强。可见这种射线的放射实际是铀元素原子的特性。在此基础上居里夫人马上想到是否还有其他元素原子也有放射特性？她立即研究其他已知的化学物质，不久就发现钍的化合物也能自发发出与铀射线相似的射线，且强度相差不多。此时，居里夫人清楚地意识到这种现象决不仅是元素铀的特性，她首先提出了"放射性"这个新名词，铀和钍可称为"放射性元素"。

新的放射性元素的发现,使这位女物理学家极为兴奋,更增加了她的"好奇心",她要把寻找新放射元素的工作继续进行下去,并且测量对象不限于观察盐类,而是扩大到对实验室中所采集到的不少矿石进行大规模测量。居里夫人的实验又有了惊人的重大发现,在沥青铀矿的矿石中发现了强度远比铀和钍更大的放射性,她预料其中一定含有一种新的放射性很强的未知放射性元素。由于此项研究的意义以及接下去工作的难度,自1898年5月开始,皮埃尔·居里停止了他手头的其他研究内容,与居里夫人一起投入放射性研究工作中。

图4-4 居里夫妇在用石英静电计做放射性测量

1898年7月,居里夫人向法国科学院作了报告,宣布在沥青铀矿中发现放射性强度要比铀强几百倍的一种新的放射性元素,并建议将此新元素命名为"钋"(Polonium),以纪念她的祖国波兰。

1898年12月,她又宣布在沥青铀矿中发现了一种要比铀的放射性强上100万倍的新元素,并建议命名为"镭"。

对于这些新元素的存在,科学界尤其化学家们表示怀疑,他们认为:只有在看见了它,把它放在瓶子里,并且称过它,确定了它的"原子量"时,才可相信它的存在。他们说:"没有原子量,就没有镭;把镭指给我们看,我们就相信你们。"[2],p182 这并不能难倒居里夫妇,一场提炼纯净镭的新的战斗开始了。

二、木棚实验室和纯镭的提炼

要提炼出纯镭,需要足够的矿石,从哪里来?大量的矿石提炼需要一个比现有工作室大得多的实验室,从哪里来?购买矿石的钱又从哪里来?

这对夫妇想到奥地利管辖的一个炼铀厂冶

> 在科学上没有平坦的大道,只有不畏劳苦沿着陡峭山路攀登的人,才有希望达到光辉的顶点。
> 德国政治家、思想家马克思(1818—1883)*
> **心语** 在科学道路上是没有捷径的。急功近利要不得,它会使你目光短浅、迷失方向。只有付出,才会有收获。

炼后的沥青铀矿矿渣中一定会留下少量的镭。奥地利政府应维也纳科学院的请求,允许居里夫妇利用他们仅有的一点积蓄以极低的价格购买了好几吨废矿渣,夫妇两人高兴得跳了起来。

同时,皮埃尔所在学校的校长也准许他们使用先前医学系曾用作解剖教学用的一间废弃木棚作为实验室。木棚顶上有一个很大的玻璃天窗,但多处有裂痕,一下雨就会漏水。于是,他们只好在桌上做好标记,哪些地方可能会漏到雨水是一定不可放仪器的。夏天时,玻璃顶棚内既闷热、又潮湿。冬天时,木棚里的水泥地面让人感到阴冷难忍。虽然可以生炉子取暖,但只有在这个破旧的火炉旁才会感到有一点点热气。这间木棚的恶劣环境被认为连搁放死尸都不合适,所以它很久以来一直被废弃着。

另外,木棚里只有一张破旧的松木桌、几个炉台和气灯。居里夫妇只得自己掏钱购买了一切必备的仪器装置。做化学实验时,常会产生有毒气体,刺鼻呛人,他们不得不把这种实验搬到院子里露天去做,即使这样,棚内仍旧有毒气进来。就是在如此恶劣的条件下,夫妇俩拼命地干着。

---

* 摘自《资本论》第一卷法文版的序言和跋。

第4章
不向命运低头的居里夫人

后来,居里夫人写下这段话:"尽管如此,我们却觉得在这个极其简陋的木棚里,度过了我们一生中最美好最快乐的时光。有时候,实验不能中断,我们便在木棚里随便做点什么当作午餐充充饥而已。有的时候,我得用一根与我体重不相上下的大铁棒去搅动沸腾的沥青铀矿渣。傍晚时分工作结束时,我已经散了架似的,连话都懒得说了。"[1],p28 从1898年到1902年,居里夫妇就是在这种没经费、没助手、工作环境极其恶劣的条件下拼搏着。

在沥青铀矿中镭的含量太少了,一吨原矿石所含的镭也不过几分克(1分克=0.1克)。直到他们处理完一吨沥青油矿渣之后,才发现研究结果已表明他们的分离初见成效、并一步一步地走向成功时,他们的高兴难以言表。居里夫人回忆当时的情景,"有时候我们夜晚也会跑到木棚里去,这也是我们一件高兴的事。我们可以在玻璃瓶或玻璃管里看到提炼、分离出来的'宝贝'在向四周散发出淡淡的光彩,*真是美丽动人,令我们既欣喜又激动,那闪烁着的光彩奇异、宛如神话中神灯的光芒。"[1],p29 夫妇俩花了整整4年时间,于1902年终于从几吨矿渣中提炼出约1分克极其纯净的氯化镭(一种白色粉末),并且初步测定镭的原子量的值为225(实际标准值是226)。居里夫人在法国科学院以"论镭的原子量"为题提出科学报告。虽然此时纯金属镭还没提炼出来,但这种元素具有与其他元素极为不同的特征光谱、有不同的原子量及特性,那些不肯相信的化学家也不得不在事实面前低头,科学界再也没人怀疑镭的存在。1902年也被定为镭发现的年份。

在这4年中,夫妇俩的全部心血都用在如何分离出纯镭的研究工作上。1900年日内瓦大学欲高薪聘任皮埃尔为物理学教授,居里夫人也可得到一个正式职位。但是夫妇俩太爱"镭"了,他们还是决定留在巴黎,继续全力投入纯镭的分离工作。也就是在这一年,居里夫人被聘到巴黎的一所女子高等师范学校执教,虽然他们的生活有了一定改善,但是她的身体更加疲惫。随着氯化镭的提炼成功,1903

---

* 这是由于放射性元素镭所发出的射线射到玻璃容器上所发出的荧光。

年居里夫人完成了她的博士论文"放射性物质的研究"。在答辩会上主席李普曼教授向她表示祝贺:"巴黎大学授予您物理学博士学位,并给予'极优'的评语。"

1903年年末,居里夫妇以及贝克勒尔因发现放射性和放射性元素而共同荣获诺贝尔物理学奖。这是个很高的荣誉,高额奖金也对他们日后的研究工作大有裨益。美中不足的是,多年来他们两人都已经精疲力竭、体力不支,以致未能在当年前往瑞典首都斯德哥尔摩领奖和发表演说。直到1905年,他们才抽出时间来到瑞典,由皮埃尔作了诺贝尔奖的演讲"放射性物质——镭",两人在瑞典受到瑞典人民的热情欢迎和接待。

三、飞来横祸,继续拼搏

居里夫妇荣获诺贝尔奖之后,两人的社会声望越来越高,巴黎大学终于聘任皮埃尔担任新开设的一个讲座的教授,还专为他配了一个实验室,并委任他为实验室主任。

1906年正当夫妇俩要告别曾带给他们无限欢乐的那座木棚时,一场飞来横祸降临。4月19日是一个星期四,阴雨绵绵,天色昏暗,皮埃尔在中午参加完理学院教授联合会的聚餐后,两点半钟离开饭店,大雨滂沱,在皮埃尔横穿马路时,左右各有马车驶来,他闪避不及滑倒在地,车辆无情地辗过,夺走了他的生命。从此,世界上失去了一位伟大的科学家,居里夫人失去了人生旅途上最亲密的伴侣和最好的合作者。这一沉重打击,使居里夫人的精神几乎处于崩溃。皮埃尔曾经讲过"即使有一天我不在了,你也必须继续干下去",这句话始终铭刻在居里夫人心中,她要坚强地生活下去。

居里夫人将皮埃尔的葬礼提前至4月21日(星期六)举行,为了避免官方仪式,没有送葬队伍,也没有发表讲话,她用最简单的仪式把皮埃尔安葬在巴黎城外梭镇,这里也是皮埃尔母亲所安葬的墓地。她把对亲人的怀念和内心的悲痛写在日记中:[2],p268

……我们在星期六早晨装殓了你,抬你进棺材的时候,我捧

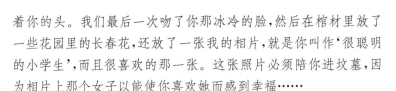

着你的头。我们最后一次吻了你那冰冷的脸,然后在棺材里放了一些花园里的长春花,还放了一张我的相片,就是你叫作'很聪明的小学生',而且很喜欢的那一张。这张照片必须陪你进坟墓,因为相片上那个女子以能使你喜欢她而感到幸福……

葬仪举行后的第二天,政府提议给居里夫人一笔国家抚恤金。她一口拒绝了,坚定地说:"我不要抚恤金。我还年轻,能挣钱维持我和我的女儿们的生活。"(1904年居里夫人有了第二个女儿艾芙)这正是居里夫人和过世的皮埃尔的一贯想法,在实验室最艰苦的阶段,他们都没向政府要过钱。

1906年5月,巴黎大学理学院会议一致决定让居里夫人接任皮埃尔的讲座教席。这是一个破天荒的决定,在法国这类教席从未让一位妇女担任过,这是第一次。有些担心自己是否能胜任的居里夫人,还是觉得应该试一试。同时,由于在取得教席期间,她还能得到一间可工作的小实验室,可以继续进行原来的放射性研究。1906年秋天起,她以副教授的资格开始在巴黎大学讲课,两年后被聘为正教授。

图4-5 实验室中的居里夫人

1906年皮埃尔过世后,他的父亲表示非常愿意留下来帮助居里夫人照顾他的两个孙女。一个孀妇、一个79岁的老人、一个小女孩和一个婴儿融洽愉快地生活在一起,居里夫人把大部分时间用于科学研究。1910年她的公公病故,居里夫人和她的两个女儿悲痛伤心了很长一段时间。就是在这一年,居里夫人在其他科学家的帮助下,终于提炼出21毫克纯净的金属镭。[2],p420 也是在这一年,居里夫人出版了一部杰出的专著《论放射性》两卷本,共有971页,专著内封所放的仅是她丈夫的相片。

居里夫人没有预料到镭的发现对社会产生极大的用处。它不仅在科学上非常重要,而且可以治疗可怕的疾病——癌症。这使居里夫人感到特别激动和欣慰,她说:"这是皮埃尔与我长期辛苦拼搏所获得的回报,是无可比拟的回报。"[1],p38

1911年年末,斯德哥尔摩科学院为了表彰居里夫人发现新的放射性元素和提炼、分离出镭的功绩,授予她诺贝尔化学奖。她是第一位两次荣获诺贝尔奖的科学家。尽管当时她已心力交瘁,且病得不轻,但她还是由姐姐布罗妮雅和大女儿艾莱娜陪同前往。在瑞典她受到了热烈欢迎,尤其瑞典妇女界使她万分感动。在斯德哥尔摩她们参加了庄严的颁奖仪式,会上居里夫人作了题为"镭和化学中的新概念"的演讲。很有意思的是,她的大女儿在24年后(1935年12月),与她的丈夫一起因为"研究和合成人工放射性"也在这个大礼堂接受了诺贝尔化学奖。

1912年居里夫人欣然同意华沙科学协会的请求,帮助在华沙建立一个镭实验室,并被聘为实验室主任。1913年居里夫人健康略有好转时,立即回波兰参加了实验室的揭幕庆典。

1912年发生的另一件事也使她很高兴,巴黎大学表示同意成立一个镭研究所,其中有两个实验室,一个是研究放射学的实验室,由她领导;另一个是研究生物和放射疗法的实验室,两个实验室彼此合作,发展镭学。

§4.4 为全人类奉献一生的高尚道德和情操

1934年居里夫人经受长期恶性贫血折磨后去世,在1935年11月23日纽约洛里奇博物馆举行的居里夫人悼念会上,爱因斯坦在悼词中说:"在像居里夫人这样一位崇高人物结束一生的时候,我们不要仅仅满足于回忆她的工作成果对人类做出的贡献。第一流人物对于时代和历史进程的意义,在其道德品质方面,也许比单纯才智成就方面还要大。……我幸运地同居里夫人有20年崇高而真挚的友谊。我对她的人格的伟大愈来愈感到钦佩。她的坚强,她的意志的纯洁,她的严于律己,她的客观、她的公正不阿的判断——所有这一切都难

第4章
不向命运低头的居里夫人

得地集中在她一个人身上。她在任何时候都意识到自己是社会的公仆,她的极端的谦虚,永远不给自满留下任何余地。"[3],p256

在前面的章节中,读者已可领略居里夫人伟大的人格魅力和科学成就,本节将从几个侧面来进一步展现居里夫人的高尚道德和情操。

一、开赴前线的居里夫人

1914年6月28日第一次世界大战爆发,战火逐渐弥漫整个欧洲。8月3日德意志帝国对法宣战,很快德军直逼巴黎。为了安全,居里夫人按政府指令将所贮存的镭转移到波尔多。到了波尔多完成转移任务后,她决定再返回巴黎。周围的人都表示惊讶和钦佩,因为当时不少人正从巴黎逃离,而居里夫人这个波兰女子当时只有一个念头:和那些已入伍参战的同事们一样,她要到前线去为她的第二祖国服务。

> 人只有献身于社会,才能找出那实际上是短暂而有风险的生命的意义。
> 爱因斯坦(1879—1955)[6],p271
>
> **心语** 正是这种对社会、对人类的强烈责任感给了一些伟大的科学家宏大的胸怀、高尚的人生观,以及为科学事业孜孜不倦、奋斗终生的强大动力。

很快她发现法国对这场战争并未作好充分准备,尤其在救护伤员方面组织工作跟不上。于是她结合自己的专业特长,立即投入为军队医院组织X射线检查和组建医疗站。一开始她只是将各实验室和贮藏室的X射线设备集中起来,建立了几个X射线医疗站,显然这远远不及救护需要。在红十字会、全国伤病员救护会等机构的帮助下,各界人士慷慨捐赠,居里夫人提出的一个庞大的救护计划很快得到落实。在法国、比利时之间的战区以及法国其他战地,总共创建和改造了200多个X射线医疗站,并装备了20辆流动X光医疗车,哪家医院需要,就立即赶到,其中一辆为居里夫人专用,由她亲自驾车了解各医疗站和医院的情况。当时X光技术人员奇缺,1916年居里夫人建议由镭研究所人员负责培训,在整个战争期间一共培训了150名放射科技术人员和护士,他们为战地救护做出重要贡献。

图4-6 居里夫人与其大女儿艾莱娜在做实验(1925年)

战争开始不久,居里夫人的大女儿艾莱娜一边在巴黎大学学习,一边帮助母亲做各种战地服务工作。艾莱娜很快学会了X光照相,居里夫人把她派到一些战区独立工作。女儿同样工作出色,受过嘉奖,获过奖章。居里夫人很重视家教,她对两个女儿从小就培养她们热爱事业、不求享乐和独立工作。她的高尚品德深深地影响了下一代。大女儿后来成为原子核物理学家,与其丈夫一起利用核反应产生第一个人工放射性核素,于1935年共同获得诺贝尔化学奖。小女儿艾芙日后成为一位杰出的音乐教育家和传记作家,是《居里夫人传》的作者。

在战争期间,居里夫人同其他医务人员一样过着极其辛苦和劳累的日子,常没时间吃饭,晚上有时睡在露天的小帐篷里。这绝对吓不倒曾在顶楼里受过严寒天气考验、有过在冬冷夏暖木棚里艰难实验经历的居里夫人,她很快成为一名名符其实的英勇战士。后来她和女儿艾莱娜只要一回忆起当时奔赴各个救护站的情景时,两人总是又愉快、又兴奋。居里夫人回忆说:"我们与各个医院及救护站的医生护士相处很融洽,他们中的女性尤能吃苦耐劳、不怕牺牲、大公无私,我和女儿对她们钦佩不已,常常以她们为榜样,鞭策自己去克服一切困难。正是这种共同的目标和追求,使得我们大家相处得犹如亲朋好友,彼此帮助,顺利地完成种种任务。"[1],p49)

值得一提的是,艾莱娜的回忆中讲到在战争开始头几个月中曾发生过一件动人的事。有一天,居里夫人对艾莱娜说:"政府要求个人捐助金子,并且不久就要发行公债。我想把我所有的一点金子献出去,加上我的那些对我毫无用处的科学奖章。还有一件事,纯粹因为懒惰,我把第二次诺贝尔奖金仍旧留在斯德哥尔摩,还有瑞典币。这是我们财产的主要部分。我要把它提回来买战时公债,因为国家

需要它。"[2],p320 女儿当然同意。于是瑞典币换成法郎,接着变成公债、"国民捐款"、"自动捐献"……当时法兰西银行的收款员接受了金子、接受了钱,但是拒绝将那些代表荣誉的奖章送去销毁,居里夫人只好收回,但并没感到高兴,她认为这种拜物主义是荒谬的。

1918年11月11日战争结束,德意志帝国投降,法国获胜,她的祖国波兰也在这一天独立了。欧洲各国人民同声庆祝他们的胜利,居里夫人心中的喜悦难以言表。但是战争也给居里夫人带来新的困难,战争搅乱了她的科学工作,消耗了她的身体、健康。交给国家的钱,正如她早已预料的,最终全部贡献给战争,已经50岁的她又差不多成了穷人。居里夫人并没有放弃她的研究,战争结束后随着职员和学生们陆续复员,她在镭研究所的实验室重新恢复走上正轨。同时,她还根据战争期间的经历,尤其是X光照相技术在医疗检查中的应用,写了一本《放射学与战争》,书里颂扬了科学发现的重要性和对于人类的价值,以激励人们更有信心投入到为全人类服务的科学研究中去。

二、华沙镭研究院的建立

波兰解放以后,居里夫人心中萌生了一个宏大的计划,要将华沙的镭实验室扩大,创建一个镭研究院作为科学研究和癌症治疗的中心。但是长期被奴役和战争的创伤使重建新的波兰困难重重,尤其缺乏财力和专门人才。可是,居里夫人的爱国热情和强烈愿望很快得到波兰政府、波兰各重要学会和全国人民的支持。她的姐姐布罗妮雅虽已上了年纪,但还是奋起帮助妹妹,在姐姐的策划下,不久波兰全国有关的传单和印着居里夫人头像的邮票传遍全国。在成千上万的明信片上印有"为建筑玛丽·斯可罗多夫斯基·居里研究院买一块砖!",上面还影印了居里夫人亲笔写下的宣言:"我最热烈的希望,是在华沙也创设一个镭学研究院。"[2],p361 于是,一场轰轰烈烈的募捐运动在全国开展起来。

1925年,居里夫人再次来到华沙为这个研究院奠基。华沙市民的慷慨捐款使她深受鼓舞,她的这一爱国梦想又将实现。在一个晴朗的早晨，共和国总统砌了研究院的第一块砖，居里夫人砌了第二块，华沙市长砌了第三块……

居里夫人和布罗妮雅两人把大部分积蓄用在这件工作上，但还缺款购买治疗癌症所必需的放射性镭。居里夫人没有失去信心，想到可向曾经在1921年慷慨帮助过她的美国女实业家W. B. 梅乐内夫人求助。那是大战后居里夫人的实验室刚恢复工作，但缺少资金，梅乐内夫人出于钦佩和赞赏居里夫人毫无保留地将镭的发现奉献给全世界人民的伟大精神，在美国发动全国妇女捐款，成立"玛丽·居里基金会"，把募捐来的钱买了一克镭赠给居里夫人作为科研之用。这次，梅乐内夫人在了解了居里夫人忠诚的爱国之心后深受感动，再次在美国募款购买了一克镭，代表美国人民赠与居里夫人以筹建华沙镭研究院。

图4-7 老年的居里夫人

1932年5月29日，已经65岁的居里夫人来到华沙出席了庄严的华沙镭研究院的揭幕典礼。实际上在揭幕典礼前几个月，这里已经开始用放射治疗法为病人治病。这也是居里夫人最后一次回到祖国，她的伟大梦想终于实现，她感到无比欣慰。

三、研究成果贡献给全人类

镭的发现不仅具有重大的科学价值，而且在医学上有重大作用，尤其可治疗癌症病人，因此世界各国相继希望发展制镭工业。1902年的一天早晨，居里夫妇收到一封来自美国的一些打算创立制镭业的工程师们的信件，请求他们提供如何从矿石中提炼出镭的相关资料。是否马上毫无保留地提供呢？事实上，在居里夫妇发现镭的重大功用后，曾有一些好心人提醒他们，镭工业获利不菲，可申请专利从中获取应得的利益。这可以说是在贫穷和财富之间的一个选择！对此，居里夫妇的回答非常坚决："我们不能这么办，这是违反科学精

神的。"[2],p221

在居里夫人的自传中,她明确表示:"皮埃尔和我,一向都是拒绝从自己的科学发现中获取任何物质利益的。因此,我们毫无保留地把提取镭的方法立即公之于众。我们既没申请专利,也没向利用它来牟利的企业家提出过任何权益方面的要求。提炼、制取镭的方法极其复杂,我们详细地公布了它。可以说,正是由于我们如此迅速而详尽地公布了这种复杂而精细的提炼方法,镭工业才得以迅速地发展起来。"[1],p57

居里夫妇也把他们提取的镭全部赠送给实验室作研究。他们就是这样在贫穷和财富之间作了无私的选择。在后来的回忆中,居里夫人还写下了对人生的看法:"人类毕竟也不能缺少具有理想主义信念的人,他们追求大公无私的崇高境界,无心去顾及自身的物质利益。这些理想主义的人因为无意于物质享受,因此也就没有物质享受的可能。"[1],p58

居里夫人就是这种具有理想主义的伟人,她不谋私利,毫无私心杂念,把一生完全奉献给为全人类服务的放射性研究事业。由于长期受到放射性的伤害,加上年老时仍坚持每天到镭研究院工作,得不到很好的休息,使居里夫人的健康状况与日俱下。1934 年 5 月的一个中午,她在实验室工作,由于发烧实在坚持不了,只能提早回家。从此她再也没能回实验室,而且病情越来越重。她的病症是一种发展很快,持续发烧不退的再生障碍性恶性贫血,真正的"罪人"正是镭。1934 年 7 月 4 日居里夫人病逝。1934 年 7 月 6 日下午,没有仪仗,没有演说,她被葬于巴黎梭镇,与皮埃尔在同一墓地。她的哥哥约瑟夫和姐姐布罗妮雅向居里夫人墓地洒上从波兰带来的泥土。一年后,玛丽去世前完成的巨著《放射性》(两卷)出版,又为后人留下一笔宝贵的财富。

§4.5　放射性的广泛应用

贝克勒尔和居里夫妇发现了放射性,后经一些科学家的共同努力,通过一系列实验发现各种放射性都是来自原子核的自发发射,共包括 α,β 和 γ 这 3 种射线。其中,α 射线是带两个正电荷的氦核,所以氦核又叫 α 粒子;β 射线是带负电的电子流(记为 β^-),也可是带正电的电子流(记为 β^+);γ 射线是电中性的电磁辐射,由表 3-1 可见它是波长最短的电磁波。当然不是所有元素的原子核都有放射性,只有放射性核素的一些原子核才有放射性,这种核素将发射自己特定类型的射线。不同放射性核素都有自己的平均寿命,即在这个时间后可认为此核素大部分已"死亡",即缺乏能力再发射射线。

实验发现这 3 种射线有完全不同的穿透性。对 α 射线,一张纸就可把它挡住;对 β 射线,非但纸挡不住,还可穿过几毫米厚的铝板,但强度有明显减弱;对 γ 射线,由于电中性,穿透力很强,穿过几毫米厚的铝板减弱很少,要用又厚又重的铅砖才能挡住它。在实际应用中,相比较,穿透性较强的 β 射线和最强的 γ 射线更有应用价值。下面介绍几种与生活密切相关的应用。对放射性应用有兴趣的读者可见参考资料[4]中的§4.4,§8.1 和§8.3。

一、放射性药物的应用

早在 1925 年,放射性核素作为示踪剂,第一次被用到测定人体血流速度。用放射性核素制成的注射剂被注射到前臂的静脉中,然后观测在另一臂测到放射性(只需在体外测射线)的时间,方法非常简便。今天,一些放射性核素的制剂已被用于疾病的诊断和治疗,这就是放射性药物,在现代医学中的重要应用。

1. 放射性药物用于诊断

当某种特定的放射性核素标记的放射性药物进入人体内某种脏器后,其所放出的 γ 射线可穿出体外,通过显像仪器可观察放射性核素在此脏器中的分布情况,由此可诊断脏器病变情况。还可以测量在脏器中放射性分布随时间的变化,以检查病人脏器的功能情况。作为诊断应用,要求进入人体的放射性元素的寿命不能长,满足诊断需要即可(一般几个小时),即不会留在人体内长期对人体辐照带来伤害。另外也要求它发射的 γ 射线能量较低,以防止过高的穿透性

伤及病人周围的其他人员。

例如,放射性元素锝-99的同质异能素*(^{99m}Tc)标记的放射性药物易被肿瘤组织吸收,而不易被正常脏器吸收,所以它是一种很好的肿瘤显像剂,被广泛用于脑、心肌、骨骼的显像。在显像图上的放射性浓集区即为病变区。

2. 放射性药物用于治疗

例如,用放射性元素磷-32(^{32}P)制成膏药状敷贴剂贴在病变处,利用所放出的β^-射线可治疗体表疾病。利用钴-60(^{60}Co)的γ射线从体外照射,可治疗体内或体表的肿瘤。这些是外照射。利用某种放射性药物会浓集到病变处的特点,可通过内照射来治病。例如,利用碘-131(^{131}I)标记的放射性药物所放出的β^-射线可治疗甲状腺功能亢进,这种β^-射线在体内的射程只有几个毫米,只能在局部产生影响而不会影响其他组织。又如,利用锶-89(^{89}Sr)所放出的β^-射线可治疗骨癌,能减轻骨癌病人的疼痛。

二、不流血的γ刀手术

γ刀外科手术是利用γ射线来"切除"生长在人体中的肿瘤,目前主要用于"切除"人体脑部的肿瘤以及在不宜进行通常外科手术的病变区作癌变切除。这一想法在1951年由一位瑞典神经外科医生莱克塞尔(L. Leksell)首先提出。他设想使许多束经过准直的γ射线从不同方向聚焦到脑瘤部位,这样交点处的剂量可以非常强,从而将癌细胞杀死,而其他正常细胞只有一束γ射线通过,所受的影响很小。

20世纪60年代末,γ手术刀已被成功应用到临床,目前在我国的一些大城市也早已开展γ刀治疗。图4-8是一位即将进行γ刀手术的脑瘤病人,左边是一个钴-60(^{60}Co)放射源装置,它能发出很强的γ射线。病人头上戴了一个半球形的特殊"头罩",它用很厚的

---

* 同质异能素是指一种处于寿命较长的激发态的核素。^{99m}Tc的平均寿命为8.6小时。

铅制成,足以阻挡γ射线的穿透,起到屏蔽保护作用。但是帽上开了201个细长的孔,γ射线将通过这201个孔射向病人头部,聚焦在脑瘤处。显然事先定位很重要,医生利用磁共振成像事先精确测定出肿块位置,然后设计出上述的这顶特殊的"头罩"。

所以,γ刀的优点十分明显:①无创伤,不需打开头颅;②定位精确、安全可靠,与普通外科手术相比,对病灶周围脑组织的损伤非常小;③手术时间快,病人恢复也快。整个手术一般不到半小时即可完成,且一次可完成"切除"。更令人惊讶的是,脑瘤开刀的病人竟然手术后即可下床行走。

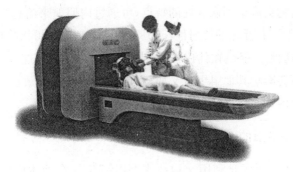

图4-8 正准备接受γ刀手术的病人

三、辐射加工

利用强放射源产生的γ射线或电子束可以对物质进行辐射加工。有下面一些具体实例:

(1) 食品保鲜。用强剂量的γ辐照可以抑制豆类、花生仁和粮食的发芽,防止烂耗。辐射可杀死水果的霉菌,增加水果保鲜时间。肉类和水产品在密封包装后,再经过γ辐照可在室温下保鲜数月甚至更长时间。

(2) 辐射育种。植物种子经辐照后可引起遗传因子变异,经过筛选可能获得优良的新品种,使其更能耐寒、抗病虫害等。

(3) 辐射降解。石油中有一些沸点较高的组分,由于分子量大、黏度高,在普通柴油机中不能作为燃料。但经过辐射后,可以将这些燃烧价值不大的大分子量和高黏度烷分子裂解,形成可利用的柴油和汽油成分。

四、中子活化分析法用于破解历史谜团

利用反应堆或中子源所放出的中子对样品进行辐照,通过中子与样品中一些待测原子的原子核发生核反应,使原来没放射性的原子核在吸收了一个中子后,成为一种新的具有放射性的核素,因为它比稳定核多了一个中子,所以这种放射性核素要发生 β^- 衰变,放出电子流,同时也可能发射出 γ 射线。通过对这些射线的测量,可鉴别出这种样品中含有的元素成分。这种方法称为中子活化分析法,可用于材料分析、考古、测矿等方面。下面举两个破解重要历史人物死亡之谜的例子。

赫赫有名的法国皇帝拿破仑一世在滑铁卢之战惨败后,于1815年6月被囚禁在大西洋远离法国本土的圣赫勒拿岛上,死于1821年5月5日黄昏。死前拿破仑经常呕吐和虚脱,全身浮肿。对于他的死因,100多年来一直是个谜,各国争论不休。1961年,英国科学家利用中子活化分析法对拿破仑的头发进行分析,发现其中砷(砒霜)的含量比正常人高出许多倍。结合死前症状,终于揭开谜底,原来拿破仑死于慢性中毒。

利用中子活化分析法,我国科学家对清西陵文协管理处提供的光绪遗体的头发、遗骨、衣服进行了反复的检测和分析,于2008年确认光绪皇帝也是死于砒霜中毒(见图4-9),使光绪死因疑案在百年后终于找到谜底。

图4-9 科学家利用中子活化分析法证实光绪皇帝死于砒霜慢性中毒

参考资料

[1] [法]玛丽·居里著,陈筱卿译. 居里夫人自传. 北京:国际文化出版公司, 2010年.

[2] [法]艾芙·居里著,左明彻译. 居里夫人传(第五版). 北京:商务印书馆, 1984年.

[3] 路甬祥. 创新辉煌:科学大师的青年时代(上册). 北京:科学出版社. 2001年.

[4] 倪光炯等. 改变世界的物理学(第四版). 上海:复旦大学出版社,2015年.

[5] 王涵等. 名人名言录(第五版). 上海:上海人民出版社,2009年.

[6] [美]爱因斯坦著,许良英等编译. 爱因斯坦文集(第三卷). 北京:商务印书馆,1979年.

第 5 章
献身科学与社会的爱因斯坦

美国普林斯顿高级研究院,爱因斯坦被聘为研究院教授,他在此开展研究工作,自 1933 年一直到 1955 年去世

一个人对社会的价值,首先取决于他的感情、思想和行动对增进人类利益有多大作用。

爱因斯坦(《爱因斯坦全集(第三卷)》,p38)

第5章 献身科学与社会的爱因斯坦

2004年6月,联合国大会通过决议,宣告2005年为"国际物理年"。这是因为2005年是爱因斯坦(Albert Einstein)1905年在物理学史上创造奇迹的100周年纪念。在这一年中,他在物理学的3个领域做出了重大的历史性贡献。2005年也恰好是他逝世的50周年。为了纪念这个奇迹年,欧洲物理学会和国际纯粹与应用物理联合会也宣告这一年为"世界物理年"。

1999年英国著名杂志《物理学世界》在100位著名物理学家中评选出10位最伟大的科学家,其中爱因斯坦排名第一。在当年英国广播公司(BBC)通过网上评选出的1 000年来10位最伟大思想家中爱因斯坦在马克思之后排名第二。这充分表明爱因斯坦不仅由于在科学上做出了杰出贡献而受到世人的敬仰和崇拜,而且他的探索精神、富有哲理的科学思维,尤其是他献身社会的高度社会责任感和他的高尚道德都深入人心,为世人留下了一份珍贵的精神财富。

§5.1 好奇心、爱读书、爱思考(童年和少年时期)

一、神圣的好奇心

爱因斯坦于1879年3月14日出生在德国南部乌尔姆镇的一个并不富裕、但过着小康生活的犹太人家庭,一年后搬到慕尼黑这座欧洲的艺术和文化中心城市。父亲赫尔曼聪明、智慧、友善,

> 知识是一种快乐,而好奇则是知识的萌芽。
> 英国哲学家、思想家弗兰西斯·培根(1561—1626)[[11],p80]
>
> **心语** 求知离不开"好奇",不要让"好奇"的火花在你的心中熄灭,正是这种持久不熄的火焰,给了我们获取知识的热情和动力。

但由于经济条件限制,他仅念完高中未能到大学深造,成为一个商人。母亲是一位商人的女儿,受过良好的家庭教育,她祥和、贤淑,喜欢弹钢琴。爱因斯坦讲"自己对音乐的热情则遗传自母亲"。比其父小3岁的叔叔雅可布有幸接受了高等教育,成为一名工程师,他对爱因斯坦的成长起着重要作用。爱因斯坦确实不是一个神童,童年时的智力和发育都比常人慢,甚至表达也有困难。但良好的家庭教育和知识的熏陶,使他的智力获得了较好发展,1884年10月(5岁半)时他就进入小学读二年级。大学毕业的叔叔雅可布很长一段时间与他们住在一起,他对科学,尤其是对数学的热爱对小爱因斯坦的影响很大。正是从叔叔那儿,他得到了最初的数学启蒙,使他少年时期对数学特别钟爱。爱因斯坦自小喜欢自学,读他喜欢的书籍,喜欢观察周围世界,喜欢对所经历的各种"惊奇"进行深思,去寻找"谜底"。正如在他年老时所写的回忆录《爱因斯坦自述》(简称《自述》)中所讲,在他相当早熟的少年时代经常思考的问题是:"在我们之外有一个巨大的世界,它离开我们人类而独立存在,它在我们面前就像一个伟大而永恒的谜,然而至少部分地是我们观察和思维所能及的。对这个世界的凝视深思,就像得到解放一样吸引着我们,而且我不久就注意到,许多我所尊敬和钦佩的人,在专心从事这项事业中,找到了内心的自由和安宁。在向我们提供的一切可能范围里,从思想上掌握这个在个人以外的世界,总是作为一个最高目标而有意无意地浮现在我的心目中。"[1],p2) 可见少年的爱因斯坦像他所尊敬的前辈一样,已在脑海中初步树立了一个最高目标,那就是要了解和认识世界,投身到寻求科学真理、解开世界之谜的伟大事业中去。

图5-1 爱因斯坦和他的妹妹

第5章 献身科学与社会的爱因斯坦

爱因斯坦在《自述》中特别强调了有两件使他感到"惊奇"的事,对他思维发展有重大影响。其中第一件是在他四岁左右时,父亲给他的一个小小指南针(罗盘)不受任何人"指挥",总是自动地指向南北,这使幼小的爱因斯坦十分惊讶和好奇。正是这种好奇心引导他去思考,不停地向他父亲刨根究底、追问原因,常常令父亲难以招架。在他看来"一定有什么东西深深地隐藏在事物后面。"

第二件使他惊奇的事是在12岁时的中学阶段,他的叔叔给了他一本关于欧几里德平面几何的小书。爱因斯坦认为,正是阅读了这本书,使他"经历了另一种性质完全不同的惊奇"。他说:"这本书里有许多断言,比如,三角形的3条高交于一点,它们本身虽然并不是显而易见的,但是可以很可靠地加以证明,以至于任何怀疑似乎都不可能。这种明晰性和可靠性给我们造成了一种难以形容的印象。"[1],p4 他把这本书称为"神圣的几何学小书。"这本书使他着了迷,忘了玩,开始研究其中一些使他惊讶的定理。他不满足于书上的证明,他会试着自己去证明它们。例如:他经过艰苦努力,根据三角形的相似性,用一种新方法成功地证明了毕达哥拉斯定理(即勾股弦定理)。他的努力,深得他叔叔的赞赏。

爱因斯坦的这种对周围事物的好奇心,正是他科学创造的出发点和推动力。爱因斯坦认为:"重要的是不停地追问。好奇心有它自己存在的理由。一个人当他惊奇地看到永恒之谜、生命之谜、实在的奇妙结构之谜时,他不能不从心底感到敬畏。如果人们能够每天设法理解这个秘密的一点点,那就足够了。永远不要失去神圣的好奇心。"[2],p176

二、书本打开科学之窗

1888年夏季9岁半的爱因斯坦学完了小学课程,考上了在慕尼黑很有名气的一所名叫卢伊特波尔德的高级文法中学。但从爱因斯坦的回忆中,可以知晓他并不喜欢德国学校,也包括这所中学。因为学校像军营,老师像军官,强调服从,不准学生发表不同看法,学生的学习动力被窒息。他的学习成绩还很不错,其中数学成绩也总是高

分,不像有些传言所说爱因斯坦成绩很差。[3],p9

在中学期间,除了这本对他一生产生重大影响的"神圣的几何学小书"外,他还非常幸运地得到一位医科大学的波兰籍学生塔穆德的热情帮助,从塔穆德那里同样得到一些对他走上科学道路有很大影响的科学读物。塔穆德也是一位犹太人,家庭十分贫困,同是犹太人的赫尔曼每周会让他在自己家里吃一顿免费午餐。塔穆德很喜欢比自己小11岁的聪明好学的爱因斯坦,经常借给他一些著名的科学读物,其中有比希纳的《物质与力》、洪堡的《宇宙》、伯恩斯坦(A. Bernstein)的多卷本《自然科学通俗读本》和有关《微积分》的书籍。并且塔穆德经常与他一起讨论其中的数学和物理问题,对爱因斯坦的影响和帮助很大,甚至比学校中只注重知识灌输的老师更为重要。阅读、讨论和思考,使爱因斯坦的数学和物理水平提高很快,不久就赶上了塔穆德的水平,并且使爱因斯坦的科学兴趣更加广泛,他不只对数学,对其他自然科学,尤其是物理的兴趣越来越浓。正如他在回忆时所讲:"在12岁至16岁的时候,我熟悉了基础数学,包括微积分原理。这时,我幸运地接触到一些书,它们在逻辑严密性方面并不太严格,但是能够简单明了地突出基本思想。总的说来,这个学习确实是令人神往的,……我还幸运地从一部卓越的通俗读物中知道了整个自然科学领域的主要成果和方法,这部著作(伯恩斯坦的《自然科学通俗读本》是一部多卷本的著作)几乎完全局限于定性的叙述,这是一部我聚精会神阅读了的著作。当我17岁那年作为学数学和物理学的学生进入苏黎世工业大学时,我已经学过一些理论物理学了。"[1],p10

在爱因斯坦13岁时,塔穆德还推荐他看了德国著名哲学家康德(I. Kant, 1724—1804)的《纯粹理性批判》。原以为他对这本难懂的书不一定有兴趣,结果是爱因斯坦并没有感到康德的书难于

图5-2 少年爱因斯坦

理解。

正当爱因斯坦在智力和思想上越来越成熟时,父亲与叔叔合营的电子技术工厂由于经营不善而关闭,家庭经济发生很大的变化,全家于1894年夏季从德国的慕尼黑搬到意大利的米兰。为了完成高中学业,爱因斯坦一人留在慕尼黑,由亲戚照顾。可是由于爱因斯坦极其厌恶德国中学的那种军事化管理、那种枯燥无味的注入式教学,他认为这是对学生心中"神圣好奇心"的一种扼杀,所以于1894年12月爱因斯坦擅自做主办了退学手续,回到米兰的家中,这让其父母大吃一惊,并为其前途而担忧。

早有思想准备的爱因斯坦,拿出一张在他离开学校时请数学老师为他所写的证明,证明他的数学水平已达到中学毕业考试的水平,足够进入高等学校继续学习相关的课程。同时,他还告诉父母,他打算再通过一阶段自学,报考欧洲一所很有声誉的大学——瑞士苏黎世联邦技术大学。他的自信和能力使他父母逐渐放下心来。

在自学阶段,他买了一套《物理学》教程,通过刻苦学习、思考和研究,在1895年夏天他撰写了生平第一篇论文"关于磁场中以太状态的研究"*寄给了他在比利时的舅舅。虽然这篇文章并未投稿发表,但这表明他对物理的兴趣越来越浓,他已开始思考与光的传播有关的问题,物理学研究的大门正在他面前打开。

三、理想实验带来科学灵感

16周岁的爱因斯坦于1895年秋天,经人推荐破格允许参加联邦技术大学的入学考试(参加高等学校入学考试的学生一般要年满18周岁)。但是考试没有通过,爱因斯坦的科学专业知识(数学、物理、化学等)考得不错,但是其他知识(文学史、政治史等文科)的考试成绩不好。具有自知之明的爱因斯坦醒悟到自己的基础教育确实不

---

* 在17世纪,科学家曾假定有一种叫"以太"的介质布满空间,光靠它传播,正如声音靠空气传播一样。但它居然看不见,感觉不到,令人费解。直到19世纪末迈克耳孙—莫雷实验才否定了"以太"的存在。

全面,考试失败完全合理,所以他听从联邦技术大学校长赫尔措格教授的劝告,去离苏黎世50千米以外的阿劳镇的一所瑞士有名的州立中学修完高中课程。在阿劳他寄宿在这所学校教历史学的温特勒教授家中,温特勒不仅在学习上亲切关怀,而且温特勒的赞赏自由和民主、反对德国扩张主义等政治观点对爱因斯坦也有很大影响。温特勒本人深得爱因斯坦的尊敬和爱戴,在他给妹妹的信中称温特勒为"爸爸温特勒"。

另外,阿劳中学自由、民主的良好办学风气,使他在学校里学习快乐、如鱼得水。在德国学校中他所表现出的孤独、不合群的性格在阿劳中学的环境中也有了改变,他在同学面前变得活泼、幽默,也喜欢与别人讨论。周日他会和温特勒一家出去散步,一路上与温特勒谈论哲学或是发表他在物理方面的种种想法。在老年,爱因斯坦回忆起阿劳中学的一年生活:"这个学校给我留下了难忘的印象,学校崇尚自由精神,教师们淳朴热情,不会为外界权威而动摇。而德国的中学则不同,那里一直受权威指导,没有自己的个性。"[4]p10 正是在阿劳中学,他还进一步了解到,自己真正的爱好和专长并不是在慕尼黑所一直钟爱的数学,开始转向物理学。

在阿劳中学,他可以有时间自由地思考在物理学领域中能导致深邃知识、抓住问题本质的一些东西,抛开次要的东西不管。"追光实验"就是这样一种问题,正是对这个问题的思考,关系到10年后轰动世界的狭义相对论的建立。

在当时爱因斯坦已经从科普读物中知道了光是以高速($c=30$万千米/秒)前进的电磁波,于是他应用伽利略所开创的"理想实验"的科学研究方法(参见本书§1.2)。他提出了一个理想的实验,即"追光实验"。人们绝对追不上光,但可以假想如果我们追上了,那会出现一种什么样的场景呢?正如爱因斯坦在《自述》中所讲:"在阿劳这一年中,我想到这样一个问题,倘使一个人以光速跟着光波跑,那么他就处在一个不随时间而改变的波场之中。但看来不会有这种事情!这是同狭义相对论有关的第一个朴素的理想实验。"[1],p16 在本书§3.3中,我们已经知道,电磁波实际是交变电磁场从振源以光

速 c 向外的传播。从牛顿力学来看,若人与光波一起运动的话,则看到的光波就是静止的,不再以 c 的速度运动,即没有了电场与磁场的相互交变,是一个不随时间改变的波场。这相当于当你乘坐的列车与另一列相邻的列车以同样速度运动时,你看到对方列车中的人静止不动一样。但爱因斯坦认为,"无论是依据经验,还是按照麦克斯韦方程,看来都不会有这样的事情。"[9],p24] 这个以光速运动的人看到的仍是以光速 c 运动的光波,而不是相对静止的波。也就是说,对不同惯性参考系中的观察者,光速 c 保持不变。这一科学思想在 10 年后爱因斯坦创建狭义相对论的过程中起了关键性作用。

§5.2 敢于挑战、勇于探索、创造奇迹(大学和专利局工作时期)

一、广博的科学知识和深邃的哲学思考

1896 年 10 月,爱因斯坦通过了入学考试,进入了他期盼的苏黎世联邦技术大学(1911 年后,学校改名为联邦技术大学,简称 EHT)的数学与自然科学教师进修学院的数学系,该系除设有数学专业外,还有物理学和天文学专业。在这所大学有相当自由的学习环境,听不听课没硬性规定,只要能通过必修课的考试,而且大学 4 年仅中期和最后毕业考试两次,若通过就可获得毕业证书。除此以外,学生几乎可做他们愿做的任何事情。这种学习环境正好合乎爱因斯坦的心意,他以极大的兴趣去听某些能满足他求知欲的课,每讲必到;但"刷掉"了很多他不喜欢听的课程。同时,他非常不满足大学的物理学习内容,花了大量时间在宿舍里自学理论物理,包括著名理论物理学家基尔霍夫、亥姆霍兹、赫兹、麦克斯韦、洛伦兹、玻尔兹曼等人的著作。爱因斯坦并不只热衷于学习理论物理,对物理实验也很重视,花了他不少时间的毕业论文就是在物理专业中韦伯教授指导下以实验为主的关于"热传导"的研究。在大学期间,他对物理学的兴趣完全超过了对数学的兴趣。这些学习对培养爱因斯坦丰富的科学想象力以及

后来创建相对论有重大作用。在他老年的回忆中,他感到在瑞士这所大学中,他研究问题的"神圣好奇心"不仅没有被扼杀,而且这种自由学习的风气对他的学习、研究、探索很有帮助。

在大学期间通过大量阅读、思考,爱因斯坦对理论物理的基础和方法有了深刻认识,尤其是他认识到:在19世纪所有的物理学家眼中,经典力学是全部物理学的这种想法值得怀疑。事实上,法拉第和麦克斯韦的工作已从根本上动摇了力学是一切物理学基础的观念。在本书§3.3中已经介绍过,牛顿的经典力学在对大量的电磁现象的解释时已经无能为力。

在大学期间,爱因斯坦也很重视阅读哲学书籍,其中19世纪的奥地利物理学家和哲学家马赫(E. Mach,1838—1916)在1883年发表的重要著作《力学发展史》对其产生了深刻的影响。马赫是历史上最早对牛顿的绝对时空观表示怀疑并提出批判的人。在牛顿看来,存在绝对时间和绝对空间,它们的特点是空间和时间相对独立,时空与物质运动状态无关。从日常经验出发,人们一般不会怀疑牛顿的绝对时空观念。但在《力学发展史》中,马赫明确指出:谈论绝对时空是错误的,一切都是相互联系的,一切运动都是相对的。爱因斯坦很赞赏马赫的这种怀疑精神和批判精神,"我认为马赫的真正伟大,就在于他的坚不可摧的怀疑态度和独立性。"[1],p12 爱因斯坦本人也像马赫那样,富有怀疑精神,敢于挑战权威、挑战传统观念。

深邃的哲学思考,对爱因斯坦做出划时代贡献具有重要作用。对哲学与科学的关系,爱因斯坦的精辟论述如下:"哲学的推广必须以科学成果为基础。可是哲学一经建立并广泛地被人们接受以后,它们又常常促使科学思想的进一步发展,指示科学如何从许多可能

> 不管自然科学家采取什么样的态度,他们还是得受哲学的支配。问题在于:他们是愿意受某种坏的时髦哲学的支配,还是愿意受一种建立在通晓思维的历史和成就基础上的理论思想的支配。
>
> 德国政治家、思想家恩格斯(1820—1895)[12],p187
>
> **心语** 物理学的发展离不开哲学的指导。牛顿发现万有引力,法拉第发现电磁感应,爱因斯坦发现相对论……无不是受到了哲学思想的指导。哲学思维给人以智慧,指引你方向。

的道路中选择一条路。"[5],p39 对爱因斯坦科学思想有重要影响的另一位哲学家是17世纪荷兰的斯宾诺沙。一次有一位犹太教堂的牧师问了他一个问题:"你信仰上帝吗?"他的回答是:"我信仰斯宾诺沙的那个存在于事物的有秩序的和谐中显示出来的上帝,而不信仰那个同人类的命运和行为有牵累的上帝。"[1],p33 这个上帝实质上是指自然界。爱因斯坦一再表示他信奉斯宾诺沙关于自然界是有秩序的、和谐、统一的思想。正是这种追求"统一性"的信念,推动并使他坚定地要创建相对论。

二、科学研究道路上的知音和"奥林比亚科学院"

在大学时代,爱因斯坦班上仅5个人。4年学习期间他结交了3个朋友,其中有两个男友成为他终生的挚友,一个是同年级数学专业的格罗斯曼,另一个是他进校时在该校刚毕业、学习机械工程专业的贝索,他俩相识在一次音乐晚会,由于志趣相投成为好友。另一位是女友米列娃,后来成为爱因斯坦的第一任妻子,婚后生下了两个儿子。

格罗斯曼性格不同于爱因斯坦,安心各门课学习,从不逃课,听课认真,笔记整齐。爱因斯坦能够通过没听过课程的考试,完全是靠了格罗斯曼笔记的帮助。这两位挚友在他科学研究道路上给予了他很大的帮助。在1905年完成的博士论文"分子大小的新测定法"中,爱因斯坦就特地写上"献给我的朋友格罗斯曼博士"。在1916年所发表的关于广义相对论的第一篇完整的论文中,他在前言部分又特地写道:"我在这里要感谢我的朋友——数学家格罗斯曼博士,他不仅代替我研究了有关的数学文献,而且在探索引力场方程方面也给我以大力支持。"[3],p50 好友贝索同样对爱因斯坦科学创见的形成给予了许多热诚的帮助。爱因斯坦在1905年发表的划时代的创建狭义相对论的"论动体的电动力学"一文中,没有列出一篇参考资料,但在该文最后专门写上:"最后,我要声明,在研究这篇文章所讨论的问题时,我曾得到我的朋友和同事贝索的热诚帮助,我要感谢他一些有价值的建议。"[3],p52

在1900年8月获得联邦技术大学毕业证书后,爱因斯坦没有被留校当助教,所以他失业了一段时间。为了生活他做过代课教师、在私立寄宿学校教书。在失业期间值得介绍的一段经历是在1902年2月初,爱因斯坦登出一个"私人授课广告":"愿为大学生和中小学生提供最全面透彻的数学和物理钟点补习。"很幸运,他先后招来两位学生,这两人对他后来创造奇迹起了重要的作用。一位是正在伯尔尼大学学习数学的学生哈比希特,一位是伯尔尼大学哲学系的学生索洛文,他们都是来听爱因斯坦讲物理的。这两位学生生活也较为贫困。爱因斯坦不只是讲课,更多的时间是与他们开展讨论、甚至激烈的争论。爱因斯坦洞察和精通物理问题的非凡能力使两位学生很惊讶,把他们完全吸引住了。很快,共同的爱好和对知识的渴求使3个贫困的年轻人成为好朋友,他们经常利用晚上的时间共同学习和研讨物理大师和哲学大师们的著作。他们还为这种"学术聚会"取名为"奥林比亚科学院"。在"科学院"的活动中,爱因斯坦常会提出一些新的想法进行讨论。共同的讨论、激烈的争论,对爱因斯坦的科学思想的发展产生了深刻的影响。对于激烈争论的状况,在索洛文的回忆中作了生动描写:"有时我们念一页或半页,有时只念了一句话,立刻就会引起强烈的争论,而当问题比较重要时,争论可以延长数日之久。""科学院"的活动一直持续到1905年11月索洛文到法国里昂大学学习为止。这段经历对爱因斯坦1905年的一系列科学创造,有重大的启发和推动作用。

1902年6月爱因斯坦结束了失业窘境,在好友格罗斯曼父亲(他是伯尔尼水利局局长的好友)的推荐下,被伯尔尼的瑞士联邦专利局聘为试用三级技术员。由于从小受到精通技术的叔叔雅可布的影响,爱因斯坦对技术也很有兴趣,也喜欢专利局的工作,在工作中做到了尽心尽力。在1904年9月他被正式录用,于1906年4月还因工作有成绩晋升为二级技术员。在专利局工作期间,他感到非常愉快,尤其是在生活安定的情况下,使他有更多的时间专心于物理学的研究,在1902年至1909年的这几年当中取得了震惊世界的丰硕成果。他认为这段时间是他"最富于创造性活动"的日子。

就在伯尔尼专利局工作期间,1903 年 1 月 6 日爱因斯坦与米列娃结婚,证婚人正是"奥林比亚科学院"的好友哈比希特和索洛文。

三、创造科学史上奇迹的 1905 年

在专利局工作的 7 年多时间中,爱因斯坦共发表了 30 篇科学论文。特别是在 1905 年这一年中发表了 4 篇极其重要的论文,在 3 个不同的物理学领域做出了划时代的贡献,在科学史上创造了一个史无先例的奇迹。这 3 个领域分别是量子论、分子运动论和相对论。

1. 在量子论领域——提出"光量子假设"

1900 年德国物理学家普朗克(Max K. E. L. Planck,1858—1947)在解释黑体*的热辐射实验规律时,首先提出了一个前所未有的"能量量子化"假设:光在吸收和发射时,能量不按经典物理所规定的那样必须是连续可变的,而是不连续(即量子化)的,只能是一个最小的、不可分的能量单元(又称"能量子")ε_0 的整数倍,即 $E = n\varepsilon_0$。其中 n 为正整数,$\varepsilon_0 = h\nu$,ν 是光的频率,$h = 6.626 \times 10^{-34}$ 焦耳·秒,是著名的普朗克常数,它是微观世界的一个有代表性的特征量。在这个假设下,他得到了历史上著名的"普朗克公式",成功解释了黑体辐射的规律。但是普朗克所开创的量子理论在发表后的近 10 年内,几乎没人理会,甚至他本人也不相信自己的"量子化"观念的正确性,并为自己违反了经典的连续性概念而烦恼和后悔。

图 5-3　爱因斯坦在伯尔尼专利局

就在量子论的诞生遭到极大困难时,为了解释 10 多年来利用经

＊ 理想黑体是指能 100％吸收投射到上面的电磁辐射而无任何反射的物体,而实际上只有近似黑体。

典电磁波理论无法解释的"光电效应"*实验,爱因斯坦在1905年3月发表了"光的产生和转化的一个启发性观点"一文,文中进一步发展了普朗克的量子论观点,提出了光不只是在吸收和发射时能量不连续,而在空间传播时能量也是不连续的"光量子假设":光是由光量子(后称为"光子")组成,每个光子带有一定的不可分割的能量 $\varepsilon = h\nu$,即普朗克的能量子。可见光子能量完全由频率决定,而与光的强度(或亮度)无关。一束光的强度则由它所包含光子的密度大小决定,密度大,光强大。当光与物质相互作用时,完全显示出粒子性。当一个具有足够能量的光子完全被电子吸收时,可将电子击出。爱因斯坦的"光量子假设"不仅成功地解释了"光电效应"实验,而且进一步为一系列实验所证实。为表彰他在量子论领域所做出的杰出贡献,他获得了1921年的诺贝尔物理学奖。他本人也成为了量子论的创始人之一。对"光量子假设"有兴趣的读者,可见参考资料[6]中的§4.4。

2. 在分子运动论领域——论证原子和分子的实在性

1827年英国植物学家布朗(R. Brown, 1773—1858)在显微镜下,首先观察到水中花粉或其他微小粒子在不停地作无规则的运动,于是这种运动被称为"布朗运动",但人们长期以来并不了解其产生原因。有人曾提出:这是由于这些微粒受到周围分子无规则的碰撞而引起的,因为这些布朗粒子非常小,在周围分子碰撞下足以发生运动。但对这种解释长期来争论不休,这涉及分子和原子是否真正存在的实质问题。

1905年4月爱因斯坦发表了一篇向苏黎世大学申请博士学位的论文"分子大小的新测定法",并取得了博士学位。爱因斯坦利用分子运动论不仅推算出分子的大小(约 10^{-8} 厘米数量级),还推导出在分子碰撞作用下悬浮粒子位移平方的平均值公式。这一公式在1908年由法国物理学家佩兰(J. B. Perrin, 1870—1942)在一架高分辨率

---

* 光电效应:即光子入射到金属上,其能量被金属中电子全部吸收,使电子从金属中飞出的效应。这种电子称为"光电子"。

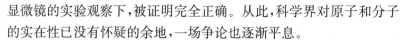

显微镜的实验观察下,被证明完全正确。从此,科学界对原子和分子的实在性已没有怀疑的余地,一场争论也逐渐平息。

3. 创建相对论——一场时空观的革命

1905年6月,爱因斯坦发表了经10年酝酿而完成的长达30页的论文"论动体的电动力学",这更是一篇划时代的、开创物理学新纪元的经典文献。文中论述了"狭义相对论"的基本内容,提出了崭新的时空观念,对牛顿的绝对时空观进行了革命性的变革,揭示了牛顿力学不能适用于对高速运动物体的描述,但当物体运动速度远小于光速时,狭义相对论和牛顿力学可得到同样结论。1905年9月在狭义相对论基础上,爱因斯坦又发表了一篇划时代的短文"物体的惯性同它所含的能量有关吗?",文中给出了狭义相对论的一个重要推论——质能关系式 $E = mc^2$,给出了质量和能量的相当性,为原子能的应用奠定了物理基础。在本书§5.3和§5.5中,我们将分别对狭义相对论和质能关系式,以及对原子能应用作简要介绍。

狭义相对论的讨论都是局限在相互作匀速运动的惯性参考系中。实际上,地球也不是严格的惯性系,它在太阳引力作用下有向心加速度。为了更普遍起见,爱因斯坦要把相对论进一步扩展到受外力作用的有加速度的非惯性参考系中去。包含巨大质量天体的、具有强大引力场的参考系就是爱因斯坦研究的典型的非惯性参考系。为此,从1907年到1915年,爱因斯坦花了整整8年时间创建了广义相对论。显然有关广义相对论的知识已远远超过本书范围,只能从略。

§5.3 时空观的革命和创造奇迹的源泉

爱因斯坦最突出的划时代贡献是相对论,对传统的绝对时空观进行了革命性的变革。本节将对狭义相对论的创建及狭义相对论的一些重要结论作简要的定性介绍。

一、狭义相对论的创建

在本书§5.1中已介绍过,爱因斯坦在阿劳中学时,就已经对当时人们习以为常的空间—时间概念(指绝对时空概念)表示怀疑。依据他的"追光实验",他认为在不同惯性系中,以不同速度运动的任一个观察者观测到的光速应是不变的。也就是说,观察者

> 要成为最优秀的人,就要向最优秀的人学习。
>
> **全球著名投资商沃伦·巴菲特(1930—)**[11],p51
>
> **心语** 没有人生来就优秀,即使有天赋,但更多靠的还是后天的努力和奋斗。向前辈学习,向身边的优秀人士学习,"站在巨人肩上"将在成功道路上看得更远,走得更快。

观测到的光速与光源本身是否运动是无关的。这显然与经典力学中速度相加规则发生尖锐矛盾。根据经典力学,当一个拿手电的人在速度为 v 的火车上,向火车前进方向发射出一束光,则相对火车上的人光速为 c,而相对站台上的人(在另一个惯性系)而言,光速应为 $c+v$。但根据爱因斯坦"光速不变"假设,站台上的人看到的光速也为 c。也就是说,光速与光源(手电)是否运动无关。两个结果完全矛盾。从后面的介绍可知,这是因为经典力学中的速度相加定律对高速运动物体已不再适用。

在关于自然界是和谐、统一的哲学思想的指导下,以及对"追光实验"的思考基础上,爱因斯坦把狭义相对论建立在如下两个基本原理之上。所谓基本原理是指它至今无法从更基本的观念把它导出,它的正确与否,则要看由它作为基本出发点推演出的物理规律是否得到实验的证实。

(1) 光速不变原理——在任何惯性参考系内真空中的光速是不变的,各向同性的、与光源的速度无关,等于 3×10^8 米/秒。在这里爱因斯坦将"光速不变假设"作为一个基本原理提出来。

(2) 相对性原理——物理学的规律在任何惯性参考系内都是一样的,反映运动规律的方程形式保持不变。在本书§1.2节中讲到伽利略已经提出一个力学相对性原理,即在任何惯性参考系中力学运动规律都相同,运动方程形式不变。这里爱因斯坦在上述哲学思想指导下,将它推广到了所有物理学规律。

由这两条基本原理出发,爱因斯坦很快就得到了不同惯性系之

间时空的变换关系,爱因斯坦称此关系为洛伦兹变换,它完全不同于经典力学中所给出的变换关系——伽利略变换关系。下面来比较这两种关系,从中看出爱因斯坦的新的时空观念。

设有两个惯性参考系 S 和 S',S 相应于站台,S' 相应于相对站台以速度 v 作匀速直线运动的火车(见图 5-4)。在只考虑一维运动的情况下,在 S 系上取坐标轴 Ox,在运动的 S' 系上取坐标轴 $O'x'$。开始 S 和 S' 系都静止时,O 和 O' 重合,时间 $t=t'=0$。当 S' 相对 S 以速度 v 运动时,则在 S' 上有一事件发生在地点 x' 处,发生时间为 t',则在 S 系上的相应地点为 x,时间为 t。

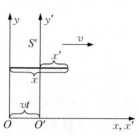

图 5-4 惯性系 S'(火车)相对 S(站台)沿 x 方向以速度 v 作匀速运动

两者之间满足经典力学中的伽利略变换关系(5-1)式。

$$\begin{cases} x = x' + vt' \\ t = t' \end{cases} \quad (5-1)$$

由上式变换可见,在经典力学中,两个惯性系中的时间 t 和 t' 一样地均匀地流逝,与参考系无关,即时间的绝对性;空间是与物质及其运动无关的框架,即绝对空间;时间被认为是与空间无关地独立存在着,互相没联系。

在狭义相对论下,可推得如下的洛伦兹变换关系[*]:

$$\begin{cases} x = \dfrac{x' + vt'}{\sqrt{1 - \dfrac{v^2}{c^2}}} \\ t = \dfrac{t' + \dfrac{vx'}{c^2}}{\sqrt{1 - \dfrac{v^2}{c^2}}} \end{cases} \quad (5-2)$$

可见,在洛伦兹变换中,充分体现了爱因斯坦的时空观革命,一

---

[*] 此变换式的一个简单推导,可见爱因斯坦本人著作[7]中的附录一。

个崭新的时空观出现在人们面前。由(5-2)式可见,在不同惯性系中时间 $t \neq t'$,即它们不再是一样地均匀流逝;时间变换式还包含了坐标项,体现了时间和空间不再相对独立,而是有了联系;且时空与两惯性系的相对运动速度 v(即与物质运动状态)有关,式中出现了一个特殊的因子 $\dfrac{1}{\sqrt{1-\dfrac{v^2}{c^2}}}$,称为洛伦兹因子,它是在狭义相对论许多公式中经常遇到的一个因子。由(5-2)式明确看出,当相对运动速度 $v \ll c$ 时,(5-2)式就变为(5-1)式。可见伽利略变换是 $v \ll c$ 时洛伦兹变换的很好近似。由这个洛伦兹变换关系可推算出一系列重要的结论,其中主要包括:①运动的钟变慢;②运动的尺缩短;③一个新的适用于高速运动物体的相对论速度相加定律;④质能关系式和相对论质量公式。

具体如何推算,这里从略。下面简单介绍上述的③和④两点,有关狭义相对论的详细介绍可见参考资料[6]中§8.2。

二、相对论速度相加定律和质能关系式

1. 相对论速度相加定律

假定有一个运动员在一列相对站台以速度 v 运动的火车顶上,以速度(相对火车)u' 朝火车运动方向奔跑,如图 5-5 所示。按照经典力学,在站台上的观察者所看到的此运动员的速度为 $u'+v$。但是根据洛伦兹变换(见参考资料[6],p255)可得此运动员相对站台上观察者的速度为

$$u = \frac{u'+v}{1+u'v/c^2} \qquad (5-3)$$

这就是相对论的速度相加定律。当 u' 和 v 都远小于 c 时,此式就回到了经典力学中的速度相加定律 $u = u'+v$。当物体运动速度很大,甚至接近光速时,经典力学中的速度相加计算就完全不适用了。例如:假定 $u = 0.9c, v = 0.9c$,则根据经典力学得出 $u = 1.8c$,超出光速。但按(5-6)式,u 的大小仅为

$$u = \frac{0.9c + 0.9c}{1 + (0.9c)(0.9c)/c^2} = 0.9945c < c$$

假想火车速度 $v=c$,此时不论 u' 为何值,按(5-4)式计算 u 值总是为 c,不可能有任何增加。也就是说在站台上的人看来,即使有火车速度帮忙,此运动员的速度还是永远不可能超过 c。请读者注意,这正是爱因斯坦相对论的主要发出点——光速不变原理的必然结果。(5-3)式的正确性已为大量实验事实所证明。

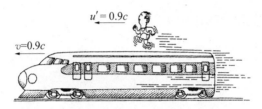

图 5-5 一个运动员在高速运动的列车顶非常吃力地飞跑

2. 质能关系式和惯性质量公式

在关于狭义相对论的第二篇短文中,爱因斯坦给出了狭义相对论中又一个划时代的关系式——质能关系式,即运动物体的总能量为

$$E = mc^2 \qquad (5-4)$$

其中 m 为"相对论质量"。由此可见,一个体系的相对论质量是它的能量的量度,质量守恒和能量守恒不再相互独立,而是融合在一起,充分反映了物质与运动的内在联系和它们的统一性。爱因斯坦认为这是狭义相对论最重要的结果。(5-4)式中相对论质量 m 不再是常量,而随物体运动速度增加而增加,有下面的关系式:

$$m = \frac{m_0}{\sqrt{1 - \frac{v^2}{c^2}}} \qquad (5-5)$$

其中 m_0 为静止物体的质量,称为静止质量(或固有质量),它决定于物体所包含物质的多少,与运动无关,是一个常量。测量高速电子质量随

速度变化的实验完全证实了(5-5)式的正确性。[10],p98 当物体速度等于光速时,相对论质量为无穷大,即物体惯性为无穷大,再增加它的速度显然不可能了。图5-5中所示的运动员的速度为$0.9c$时,相对论质量非常大,跑起来当然吃力了。

运动物体总能量E包括两部分能量:静止能量m_0c^2和动能E_k之和,

$$E = mc^2 = m_0c^2 + E_k \qquad (5-6)$$

因此,其中相对论动能表示为

$$E_k = mc^2 - m_0c^2 = m_0c^2\left(\frac{1}{\sqrt{1-v^2/c^2}} - 1\right)$$

当$v \ll c$时,

$$1/\sqrt{1-v^2/c^2} \approx 1 + v^2/(2c^2)$$

于是有

$$E_k = \frac{1}{2}m_0v^2$$

可见,$v \ll c$时,相对论的动能表示式就回到了牛顿力学中的动能表示式,后者是前者的近似表示。质能关系式(5-7)与核能获得密切有关,在本书§5.5中我们再作较详细的介绍。

三、创造奇迹的源泉

1905年是年仅26岁的爱因斯坦科学创造力迸发的一年,在了解了爱因斯坦的一系列科学贡献之后,更值得我们思考的是他的成才之路,究竟什么是促使他创造奇迹的源泉? 通过前面的介绍,读者一定从他的成长过程及他的一系列言论中对此有所体会,下面归纳出的几个最主要原因供读者思考。

1. 高度的社会责任感和强大的推动力

他始终把自己所做的一切与为社会、为人类服务紧密地联系在

一起,他总是把自己置身于社会之中。他时常想到的是"一个人的价值,应当看他贡献什么,而不应当看他取得什么"。青年人"要把为社会服务看作自己人生的最高目的"。[1],p99 正是这种强大的动力,始终激励着爱因斯坦为科学事业奋斗到生命最后一刻。

2. 始终对自然界的奥秘充满好奇心,爱好刨根究底地思考和研讨问题以解开自然之谜

爱因斯坦自幼到老终身对大自然充满好奇心,喜欢不停地追问。他爱好沉思,力图解开使他感到惊奇的那些自然之谜。他极力主张对年轻人的培养"发展独立思考和独立判断的一般能力,应当始终放在首位"。[1],p103 他认为:"思维世界的发展,在某种意义上说就是对'惊奇'的不断摆脱"[9],p4。爱因斯坦的直觉、灵感和富有想象的科学思维,正是他做出重大科学贡献的重要源泉。

3. 奋发读书、知识渊博,敢于向旧传统观念和向权威挑战,发展和捍卫科学真理

爱因斯坦自小喜欢读书,主动学习,养成了很好的自学习惯。瑞士大学良好的学习环境使他有大量时间饱览群书,尤其是阅读他喜爱的物理、数学、哲学等书籍,这为他的科学创新打下了坚实的基础。他谦虚谨慎,对前辈和同时代科学家的重大贡献和优秀品质总是抱着敬仰和学习的心情赞赏有加。[2],p53-72 在爱因斯坦的办公室中,他挂着自己敬仰的牛顿、法拉第和麦克斯韦3人的照片。

在探索科学真理的过程中,爱因斯坦毫不守旧、敢于坚持科学真理、向权威挑战。例如:他在牛顿诞生300周年纪念会上的讲话中说:"牛顿啊!请原谅我,你所发现的道路,在你所处的那个时代,是一位具有很高思维能力和创造力的人所能发现的唯一道路。你所创造的概念,甚至今天仍然指导着我们的物理思想。虽然我们现在知道,如果要更加深入地了解各种联系,那就必须用另外一些离直接经验领域较远的概念来代替这些概念。"[2],p67 这里,离直接经验领域较远的概念正是指相对论概念。

1905年,正是在对普朗克于1900年所提出的"量子概念"的一片质疑和反对声中,甚至普朗克本人也对自己提出的量子论表示怀疑

时,他却敢于"离经叛道",大胆提出了"光量子"假设,勇敢地捍卫和发展了量子论,成为量子物理的先驱之一。

4. 哲学思想的指导

爱因斯坦曾对人说过:"与其说我是物理学家,不如说我是哲学家。"[1],p231 正如他自己所说,哲学思维"常常促使科学思想的进一步发展,指示科学如何从许多可能的道路中选择一条路"。他的怀疑精神和批判精神,他的追求自然界的统一性的坚定信念,都是马赫、斯宾诺莎等人的哲学思想对他的影响。他说:"如果不相信我们的理论结构能够领悟客观实在,如果不相信我们世界的内在和谐性,那就不会有任何科学。这种信念是,并且永远是一切科学创造的根本动机。"[5],p216 正是哲学思想为他的科学探索指明方向、坚定信念。

§5.4 献身社会的战士

"人只有献身于社会,才能找出那实际上是短暂而有风险的生命的意义。"[4],p255 爱因斯坦这样说,也是这样做的,他就是一个献身社会的战士。

一、高尚的人生追求和信念

在 1930 年发表的"我的世界观"一文中,爱因斯坦清晰地表述:"我每天上百次地提醒自己:我的精神生活和物质生活都依靠别人(包括生者和死者)的劳动,我必须尽力以同样的份量来报偿我所领受了的和至今还在领受着的东西。我强烈地向往俭朴的生活,

> 享誉世界的我国数学家华罗庚教授(1910—1985),由于多次心肌梗塞,于 1983 年在病榻上写下遗嘱:"力竭矣,但斗志不衰,战士死在沙场幸甚。但甚盼尸体能对革命有用,倚墙可作人梯,跨沟可作人桥。"1985 年 6 月 12 日,他倒在了东京大学的讲台上,实现了他生前所讲的"最大希望就是工作到生命最后一刻"的誓言。[13],p272
>
> **心语** 在科学道路,伟人们那种生命不息、研究不止、甘为人梯和人桥的崇高精神,永远激励着我们攀登科学高峰。

并且时常为发觉自己占用了同胞的过多劳动而难以承受。"[1], p35] 此话充分显示了这位享誉世界的伟大科学家的宏大胸怀和对人类的强烈责任感。他不但自己身体力行,而且还将此信念要求他的儿子,作为他儿子的座右铭。

在此文中他还讲到,"照亮我的道路,并且不断地给我新的勇气去愉快地正视生活的理想,是善、美和真。……人们所努力追求的庸俗的目标——财产、虚荣、奢侈的生活——我总觉得都是可鄙的。"[1], p36] 正是这种不爱虚荣、不追求名利,一心追求真、善、美的理想和目标,当他的革命性的科学理论被怀疑、不被科学界接受甚至遭到攻击时,以及当他在捍卫民主、自由,反对战争的道路上受到谩骂、恐吓、甚至生命遭到危险时,他总是充满勇气、毫不退缩,为追求真理和正义而奋斗。

二、强烈的社会正义感和责任感

爱因斯坦强烈的社会正义感和责任感首先表现在他是一位为了捍卫人类的民主和自由,保卫世界和平而不向邪恶势力低头、不怕牺牲、敢于斗争的伟大战士。

1914 年第一次世界大战爆发,10 月初在德国统治者的威逼利诱下,一批很有声望的知识分子(包括科学家、艺术家、律师、医生等)在一份由少数知识分子所炮制的"先文明世界宣言"上签了字,其中有已经获得和后来获得诺贝尔物理学奖的伦琴、勒纳、维恩和普朗克等。[3],p171] 这份宣言粉饰了德国侵占比利时等国的侵略行为,并声称是正义行为,但是爱因斯坦没有在上面签字。相反,他毫不犹豫在他人起草的一份声明"告欧洲人书"上签名,此声明针锋相对地指责这些科学家和艺术家"以敌对的精神讲话,而没有站出来为和平说话。……这种态度同世界上的从来被称为文化的那些东西是不相称的。"并严正声明这是一场"野蛮的战争"。可惜的是,在当时的残酷环境下,在此声明上签名的仅有 4 人,未能正式发表。但爱因斯坦始终没有放弃参与各项反战活动,直到 1918 年 11 月战争结束。

1933 年 1 月纳粹头子希特勒当上德国总理,一上台就对知识分

图5-6 在普林斯顿家中的爱因斯坦

子、工人领袖和犹太人进行残酷迫害,爱因斯坦也上了黑名单。幸好他当时正好在美国讲学,逃过一劫,但他在德国柏林郊外的住宅被纳粹查抄了。1933年3月20日,他在从美国回欧洲的途中发表了反对纳粹暴行、不回德国的声明,义正辞严,态度鲜明。在比利时暂住期间,爱因斯坦得到了比利时政府的保护。

当年10月,为了躲避纳粹特务的暗杀,爱因斯坦到了美国,定居于普林斯顿,被聘为高等研究院教授,直到1955年去世。1940年,他取得了美国国籍,但同时保留了瑞士国籍。

爱因斯坦强烈的社会责任感还充分表现在他对青年一代的教育和培养,他有许多精辟的论述,教育思想十分丰富,在今天对我们的教育工作仍有现实意义。

1936年,爱因斯坦在纽约州立大学举行的"美国高等教育300周年纪念会"上所作的报告"论教育"中,他结合自己的切身经历和个人经验,提出了一系列精辟的教育思想论述。例如,他说:"人们把学校简单地看作一种工具,靠它来把最大量的知识传授给成长中的一代。但这种看法是不正确的。知识是死的,而学校却要为活人服务。它应当发展青年人中那些有益于公共福利的品质和才能。"[1], p100) 文中还强调说:"应当反对把个人当作死的工具来对待。学校的目标始终应当是:青年人在离开学校时,是作为一个和谐的人,而不是作为一个专家。……发展独立思考和独立判断的一般能力,应当始终放在首位,而不应当把获得专业知识放在首位。如果一个人掌握了他的学科的基础理论,并且学会了独立思考和工作,他必定会找到自己的道路,而且比起那种主要以获得细节知识为其培训内容的人来,他一定会更好地适应进步和变化。"[1], p103) 在这些论述中,爱因斯坦的最精辟之处是把学生看作"人",是一个有思想的"活人",而不是被灌输知识的"死的工具",或者是一个"容器"。"以人为本"正是当代教育思想的核心。

三、坚持不懈、奋斗终身

晚年的爱因斯坦仍是一位不懈的斗士。在他74岁那年,针对当时在美国"麦克锡主义"横行霸道、非常猖狂,他坚决地站了出来,揭露真相,号召受迫害的知识分子要勇敢地站出来针锋相对。

麦克锡主义是指当时在美国以共和党参议员麦克锡为首的一个调查委员会,自1950年开始,借着反共的名义,对他们怀疑的一切人,包括政府官员、大学教授、作家、报纸编辑等进行"清查"和随意"指控"。麦克锡主义大大扼杀了思想界和学术界的自由讨论,一些著作不能发表,演讲被取消,学术的自由交流被禁止,教学自由被压制。面对这种邪恶势力,在1953年6月12日,《纽约时报》刊出爱因斯坦的一封公开信,信中揭露麦克锡主义的阴谋,尖锐指出美国知识分子当前面临的严重问题,并严正提出:"处于少数地位的知识分子应采取什么办法来对付这种邪恶行为呢?坦白地说,我想只能是甘地的革命方式,即不合作。被召到委员会面前的每一知识分子都应拒绝作证!也即准备去坐牢、倾家荡产。总之,为了他的国家的文化事业而牺牲个人幸福。……如果足够多的人愿意采取这种重大的步骤,他们就能成功。如果不愿意,这个国家的知识分子就只配给他们准备好的奴隶待遇了"。此信影响很大,在美国引发了一场保卫人权的运动。一年后麦克锡被参议院弹劾。这种强烈的社会正义感,在科学家中十分罕见。

图5-7 1950年(71岁)的爱因斯坦在上班途中

晚年的爱因斯坦不仅在社会活动方面是一位不懈的斗士,在科学研究方面更是奋斗到他生命的最后一刻。第二次世界大战结束后,1945年他从高等研究院退休,但他在保留的办公室中工作到去世。1949年3

月14日是爱因斯坦的70寿辰,在3月28日他给好友索洛文的信中,谦虚、坦然地表达了自己70岁生日时的心情:"你一定在想我在此时此刻会以满意的心情来回顾我一生的成就。但是,仔细分析一下,却完全不是这么一回事。我感到在我的工作中没有任何一个概念会很牢靠地站得住,我也不能肯定我所走的道路一般是正确的。……所有这些都是只是短见而已,但是确实有一种不满足的心情发自我的内心,……"[1],p31

晚年爱因斯坦在腹部的大动脉上有个动脉瘤,常常疼痛,且伴随呕吐,身体越来越虚弱,经常卧床不起。一旦有所好转,他就坚持上午到研究院上班,且每次来回步行一个小时左右,下午和晚上除了接待朋友、处理信件外,就是继续科研工作。他一直坚持到1955年4月15日,由于动脉瘤破裂,人们不得不将他送进普林斯顿医院,他的大儿子从伯克利大学赶来陪伴在他身边。4月17日他的状况似乎好转一点,他就要求把他的关于统一场论中一项还没有完成的计算稿取来,想继续计算下去。不幸的是,爱因斯坦在4月18日凌晨1点15分安然去世。去世前他留下遗嘱:不举行葬仪,不建坟墓,不立纪念碑,把大脑献给医学事业、把骨灰撒到不为人知的地方。他的亲属遵从了他的遗愿,把他的骨灰撒在一个没有向外透露的地方,他的大脑保存至今,美国和加拿大的病理学家和神经学家进行了研究*。

§5.5 核能应用

当前世界能源紧张,我国同样如此。长期以来,我国以煤炭发电为主,随着煤炭的日益耗尽,以及经济的发展,对能源的需求迅速增加,能源危机日趋严重。当前必须大力开发和利用新能源(包括太阳能、风能、地热能、海洋能和核能等),其中核能的开发和利用势在必行。本节将对核能利用作简要介绍,若读者有兴趣了解核能更多的知识,可见参考资料[8]中§7.3和§7.4内容。

---

* 摘自"爱因斯坦大脑之谜",原载于《文汇报》,1999年8月28日科技文摘版。

一、$E = mc^2$ 与核能的获得

科学家发现当一个重原子核分裂为两个较轻的核**,或两个轻的原子核聚合为一个较重的核时,都会有能量释放,这就是获得核能的两种方式——裂变和聚变。所获得的能量来源于上述两种原子核反应前后的静止质量的减少,减少的静止质量转化为能量放出,这就是核能的来源。由质能关系式可知,若反应前后静止质量的减少为 Δm_0,则反应中可获得的相应能量为

$$\Delta E = (\Delta m_0)c^2 \qquad (5-7)$$

这个能量是巨大的,下面作较详细介绍。

1. 裂变反应

科学家发现一个能量很低的中子轰击质量较大的重原子核铀-235(^{235}U)时,可结合成处于高度激发的^{236}U(相当一个高温液滴),处在高温的^{236}U很快发生形变,从一个接近球形的核变为一个拉长的椭球,且越拉越长,最后分裂为两个大小不同的中等核(见图5-8),以及放出2个或3个中子,同时放出核能。

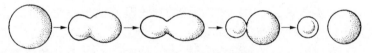

图5-8 裂变反应示意图

常用的易发生裂变的核除了^{235}U以外,还有钚-239(^{239}Pu)。裂变核的裂变反应可以有许多不同的道,即两个裂变产物(中等核)不是唯一的,可有许多种分配。下面给出^{235}U发生裂变反应时,概率较大的

** 世界上一切物质都是由原子构成,原子是由原子核和它周围运动的电子所组成。原子核由中子和质子组成,中子和质子统称为核子。任何一个原子核都可以用符号^A_ZX来表示,其中Z为核内质子数,$A = Z + N$(N为中子数)表示核内核子数,如氢核($^1_1$H)、氘核($^2_1$H)、氚核($^3_1$H)、氦核($^4_2$He)等等。通常用n表示中子,p表示氢核(即质子),d表示氘核。

一种反应道的表示式：

$$n + {}^{235}_{92}U \longrightarrow {}^{236}_{92}U^* \longrightarrow {}^{144}_{56}Ba + {}^{89}_{36}Kr + 3n + Q \quad (5-8)$$

"$^{236}U^*$"中"*"号表示此核处在高温的被激发的状态；Q表示放出的核能；此反应中有3个中子放出。不同反应道放出的核能Q并不相同，放出的中子数也可以不一样。核能Q即(5-7)式的ΔE，由此式可得到，

$$\begin{aligned} Q &= (\Delta m_0)c^2 \\ &= [m_n + m({}^{235}U)]c^2 - [m({}^{144}Ba) + m({}^{89}Kr) + 3m_n]c^2 \\ &= 173.6(兆电子伏) = 2.78 \times 10^{-11}(焦耳) \end{aligned}$$

式中兆电子伏和焦耳都是能量单位，1兆电子伏 = 10^6 电子伏 = 1.602×10^{-13} 焦耳。

虽^{235}U裂变的不同反应道所释放的核能有所不同，但作为近似估算，可采用上述反应中的Q值来估算1千克的^{235}U全部裂变所放出的能量。1个^{235}U核（3.902×10^{-22}克）的裂变可放出能量为2.78×10^{-11}焦耳，所以1千克^{235}U全部裂变可放出核能712.4×10^{11}焦耳，此能量相当于燃烧2 400吨的标准煤所获得的能量。可见小小原子核确实蕴藏了巨大的核能，它的理论基础就是质能关系式。实践证明，上述核能计算完全正确。

有必要指出的是，裂变反应的产物都是有β^-放射性的核素。这些放射性废物中有不少是长寿命的高放射性核素，所以对长寿命放射性废物的后处理，使之不泄入生物圈中、危害人类生存，这项工作至关重要，也是裂变反应核电站大规模、长期应用受到限制的主要原因。由此可见科学技术是"一把双刃剑"，必须引起人们的高度重视。

2. 聚变反应

下面的氘氚反应生成氦和中子就是一个聚变反应，放出的能量Q由质量关系式计算可得为17.58兆电子伏。

$$d + {}^3_1H \longrightarrow {}^4_2He + n + 17.58 兆电子伏 \quad (5-9)$$

从平均每个核子所放出的能量来看，聚变反应(只涉及5个核子)要

比裂变反应(涉及 236 个核子)所放的能量大得多。并且从反应产物看,它是理想的洁清能源。

作为核能的实际应用,下面对核电站和可控聚变作简单介绍。

二、核电站

1. 什么是链式反应

在介绍核电站前,先介绍一下什么是链式反应。由于在裂变反应中同时有 2~3 个中子放出,所以如果所产生的其中一个中子又能打中另一个 ^{235}U 原子核,便又能引起新的裂变反应,反应中又会有新的 2~3 个中子产生。如此下去,就可使裂变反应连续不断地发生下去,巨大的能量会源源不断地释放出来,这就是链式反应(见图 5-9)。

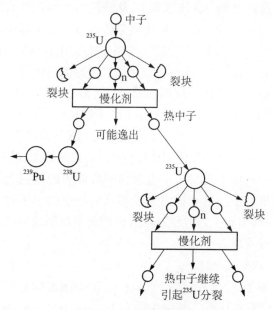

图 5-9 链式反应示意图

由于裂变反应放出的中子能量高(约 2 MeV),运动速度快,再打中 ^{235}U 核的几率非常小,所以为了实现链式反应,必须通过慢化处理降低它们的能量,使其变为热中子(即能量低到 0.025 eV,相当室温下的中子),有很大几率继续击中^{235}U核实现链式反应。在实际应用中,核电站需要的是可以控制的链式反应。原子弹就是通过不可控制的裂变链式反应,放出大量能量和放射性物质,是一种具有大规模杀伤破坏效应的武器。我国于1964年10月16日爆炸的第一颗原子弹就是以^{235}U为燃料的。

2. 核反应堆和核电站

核反应堆就是装有核燃料和控制棒可实现可控裂变链式反应的装置。它是核电站的关键设备,在核电站中正是以反应堆来代替火力发电站的锅炉。在全世界的核电站中压水堆占多数。压水堆是利用高压水通过反应堆芯既作慢化剂,使高能中子通过与水分子中氢核多次碰撞,可很快损失能量慢化到热中子,同时又作为冷却剂,把堆芯中的热量带出来。在压水堆中,从堆芯出来的仍是高压水,不是蒸气。它是再通过蒸气发生器,将热量传给流经发生器中的水流,使之沸腾变成高压蒸气,被输送到发电机组进行发电。例如,我国最早建成的秦山发电站就是采用国际上应用最广泛的、安全性最好的压水堆。

在反应堆中所使用的核燃料是^{235}U。由于天然的铀中,^{235}U仅占0.72%,其他都是同位素^{238}U,即140个铀核中^{235}U仅1个。为了保证链式反应能实现,除了中子要慢化外,还要适当提高^{235}U的浓度,但浓度不需太高,一般使用浓度约3%的浓缩铀来代替天然铀。

堆中的控制棒是用对中子有很强吸收能力的镉制成的镉棒,利用它在反应堆芯中插进和抽出来控制反应堆中的中子数,起到控制裂变反应速率的目的。在反应堆中,核燃料也是制成棒状,与控制棒一起分散安置在堆芯中。

3. 核电站发展概况

目前世界上(至2010年底)已有30多个国家拥有核电站,约有440多座反应堆在运行。其中美国有100多座核电站,为世界之最,占美国供电量的20%;其次是法国有58座,但其核电要占到法国供电量的78%,为世界之最;再往下是日本、德国、俄罗斯等。截至2011年,我国大陆地区已形成了浙江秦山、广东大亚湾和江苏田湾三大核电基地。至2015年初在运行的核电机组有22台,总装机容

量为 2010 万千瓦，总发电量约占全国总发电量的 2%。正在新建的有浙江三门、广东阳江和辽宁红沿河核电站等，共有机组 26 台。我国的核电计划是到 2020 年，总装机容量将增加到 5 800 万千瓦，到时核电发电量将约占全国总发电量的 4%。

三、可控聚变反应

核电站的燃料主要是铀资源，但铀也不是理想的长期能源，迟早也会面临铀矿的危机。最理想能源是聚变能的利用。相比核电，从下面的聚变反应(5-10)式可知，它的特点是洁净（没有长寿命的放射性废物）、释放的能量更大，而且它的"原料"取之不竭，因为聚变反应的主要燃料氘可以从海水中无限制地提取。海水中的氘结合成的重水，约为海水总量的 1/6 700。

类似核电，要利用聚变反应来发电，必须实现自持且可控的聚变反应。不可控的聚变反应能就是核武器氢弹能产生比原子弹更强爆炸能量的由来。继美国、前苏联和英国，我国是第四个掌握氢弹技术的国家。下面我们将对如何实现自持的有能量增益的热核聚变反应作简单介绍，这是达到最终目的——聚变发电的关键一步。

利用氘核作燃料的聚变反应有下面四个反应式：

$$\begin{cases} d+d \longrightarrow {}^{3}_{2}He+n+3.25 \text{ 兆电子伏} \\ d+d \longrightarrow {}^{3}_{1}H+p+4.0 \text{ 兆电子伏} \\ d+{}^{3}_{1}H \longrightarrow {}^{4}_{2}He+n+17.6 \text{ 兆电子伏} \\ d+{}^{3}_{2}He \longrightarrow {}^{4}_{2}He+p+18.3 \text{ 兆电子伏} \end{cases} \quad (5-10)$$

其中氚($^{3}_{1}H$)和氦-3($^{3}_{2}He$)只是中间产物，主要原料仅是氘。将四式相加可得

$$6d \longrightarrow 2{}^{4}_{2}He+2p+2n+43.15 \text{ 兆电子伏} \quad (5-11)$$

注意到，聚变反应前的这些轻核都是带正电的，由于斥力在室温下不可能靠得很近甚至聚集在一起发生反应。而裂变反应中，中子不带电，热中子就可引进铀核裂变。这是两种反应的重要区别。为了使

两个带正电的轻核能聚合在一起发生反应,必须加热到高温,使这些轻核有足够高的动能。理论估计温度要达到 $T \approx 10^8$ 开*。在这样的温度下,任何原子都已全部电离,形成物质第四态——等离子体。这些带电离子间相互库仑碰撞会产生很强的 X 辐射,从热核聚变反应器中逃逸,这是主要的能量损失。要得到聚变能的利用,必须使产生的聚变能减去各种能量损失后有净能获得,即有能量增益。科学家指出:要获得自持的能量增益的聚变反应,即达到点火条件,除了足够高的温度 T 外,还必须将这些高温等离子体在一定时间 τ 内约束起来,且保持很高的等离子体密度 n。

要使高温、高密等离子体维持一定时间非常困难,这就要求人们要找到一种约束等离子体的方法不使其散开。从目前研究来看,可控热核聚变最有希望的是利用磁约束,即利用磁场将高温、高密等离子体约束在一定的容器中,且维持足够长时间 τ 以达到点火条件。目前研究较多的装置是称为"托卡马克"(Tokamak)的一种环流器,它是一种闭合型的环状装置。2006 年 9 月一台名叫"EAST"(即实验型先进超导托卡马克)的非圆截面全超导托卡马克装置在我国合肥中科院等离子体研究所建成,这是目前世界上最先进的装置之一。2005 年 6 月 28 日国际热核实验反应堆(ITER)计划由当时参与的六方(欧盟、俄罗斯、美国、日本、韩国和中国)在莫斯科做出决定,世界第一个实验反应堆将在法国建造。此实验堆的规模可与未来实用聚变反应堆相仿,目的是解决建设聚变电站的关键技术问题。专家乐观估计要建成利用聚变反应的发电站还需 30 年之久。但这一天终将到来,人类有望根本解决能源危机问题。

参考资料

[1] [美]爱因斯坦著,许良英、王瑞智编. 走近爱因斯坦. 沈阳:辽宁教育出版社,2005 年.

---

* 这里温度用绝对温度 T 表示,单位是开(K),它与摄氏温度 t(℃)的关系是 $T=(t+273.15)$K。

[2] [美]艾丽斯·卡拉普顿斯编,仲维光,还学文译.爱因斯坦语录.杭州:杭州出版社,2001年.

[3] 杨建邺著.爱因斯坦传.哈尔滨:哈尔滨出版社,2004年.

[4] [美]爱因斯坦著,王强译.爱因斯坦自述.西安:陕西师范大学出版社,2010年.

[5] [美]A·爱因斯坦,[波兰]L·英费尔德著,周肇威译.物理学的进化.上海:上海科学技术出版社,1979年.

[6] 倪光炯,王炎森.物理与文化——物理思想与人文精神的融合(第三版).北京:高等教育出版社,2015年.

[7] [美]A·爱因斯坦著,杨润殷译.狭义与广义相对论浅说.上海:上海科学技术出版社,1964年.

[8] 倪光炯等.改变世界的物理学(第四版).上海:复旦大学出版社,2015年.

[9] [美]爱因斯坦著,许良英等编译.爱因斯坦文集(第一卷).北京:商务印书馆,1976年.

[10] 蔡怀新等.基础物理学(上册).北京:高等教育出版社,2003年.

[11] 程帆.名人名言(学生版).长沙:湖南教育出版社,2011年.

[12] 恩格斯著,中共中央马克思恩格斯列宁斯大林著作编译局译.自然辩证法.北京:北京人民出版社,1971年.

[13] 顾迈南.华罗庚传.上海:复旦大学出版社,1997年.

图书在版编目(CIP)数据

物理大师的追寻:追随物理学家足迹 探寻大师成功心路/王炎森编著.
—上海:复旦大学出版社,2015.5
(复旦光华青少年文库)
ISBN 978-7-309-10595-7

Ⅰ.物… Ⅱ.王… Ⅲ.物理学家-生平事迹-世界-青少年读物 Ⅳ.K816.1-49

中国版本图书馆CIP数据核字(2014)第086945号

物理大师的追寻:追随物理学家足迹 探寻大师成功心路
王炎森 编著
责任编辑/梁 玲

复旦大学出版社有限公司出版发行
上海市国权路579号 邮编:200433
网址:fupnet@fudanpress.com http://www.fudanpress.com
门市零售:86-21-65642857 团体订购:86-21-65118853
外埠邮购:86-21-65109143
上海市崇明县裕安印刷厂

开本 890×1240 1/32 印张5.125 字数136千
2015年5月第1版第1次印刷
印数1—3 100

ISBN 978-7-309-10595-7/K·476
定价:20.00元

如有印装质量问题,请向复旦大学出版社有限公司发行部调换。
版权所有 侵权必究